QUELQUES

RÉFLÉXIONS

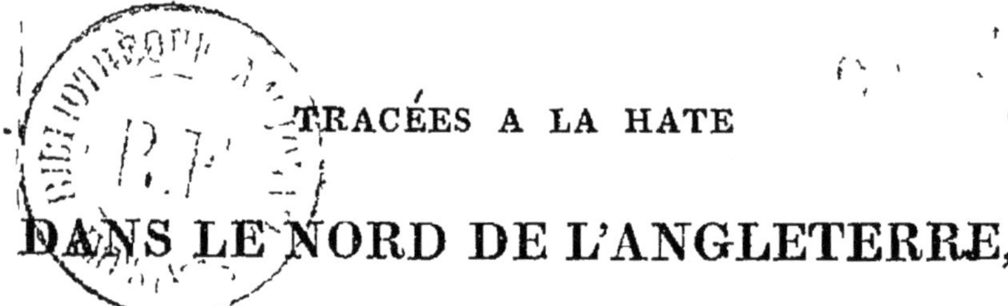

TRACÉES A LA HATE

DANS LE NORD DE L'ANGLETERRE,

AU SUJET DU CHANGEMENT

QUI VIENT DE S'OPÉRER

DANS LE MINISTÈRE DE FRANCE,

DANS L'ESPOIR QU'ELLES POURRONT ETRE MISES

SOUS LES YEUX DE

SA MAJESTÉ ET DE MM. LES DÉPUTÉS

QUI VONT S'ASSEMBLER.

LONDRES:

E L'IMPRIMERIE DU MARQUIS DE CHABANNES.

1823.

QUELQUES RÉFLEXIONS.

Berwick sur le Tweed, le 4 *Janvier*, 1823.

QUAND je songe à l'état ou l'on réduit la France,
A cette frènésie, aux délires nouveaux
Dont l'origine impure et la seule existence,
De l'opprobre du jour trop funestes tableaux,
Ont fait à mon pays blessure si profonde,
Je ne puis retenir mes poignantes douleurs ;
J'en appelle aux échos, j'invoque tout le monde ;
Mais, la ville et la cour, tout est sourd à mes pleurs.

Hélas ! ils les ont tous repoussés les uns apres les autres, les plus purs accens de la fidélité, ces ministres ineptes ou perfides qui, tour à tour, ont abusé de la confiance du Roi, et l'ont également trompé ; sans en excepter même le ministère présidé par Mr. De Villèle, qui, par une de ses premières délibérations, ordonna le renvoi en Angleterre de 1200 exemplaires saisis à la Douane de Paris d'un poème historique, moral et politique, intitulé, " Le Phare trompeur", dont les vers peuvent n'être pas toujours conformes aux règles de la poésie, mais qui, certes, renferme des vérités qu'aucun être raisonnable ne sauroit nier, et dont la suite, composée de cinq petits écrits successifs, n'auroit pas du être lue avec moins d'intérêt par tout ministre loyal qui auroit eu à cœur la vraie gloire du Roi, le salut de l'auguste famille des Bourbons, la prospérité de la France et le repos de l'Europe.

"Puisse la France être arrachée à la dégénération morale et politique ; la maison de Bourbon reprendre sa splendeur, l'Angleterre jouir long temps de la prospérité, et tous les Gouvernemens se réunir cordialement sous la banniere de la Sainte Alliance, pour arrèter cet esprit d'insubordination et de révolte qui s'est répandu dans tous les empires, assurer une longue paix à l'Europe, et diriger leurs vues à opérer la régénération civile et religieuse de tous ses habitans ! Tels sont les souhaits qu'on trouvera dans nos écrits comme dans notre cœur ; et si les échos se refusent à faire retentir les accens de l'indignation et de la douleur, si nos cris se perdent aujourd'hui dans un desert, les générations à venir nous plaindront peut être, mais, nous osons l'espérer, ne recevront pas de nos infructueux efforts une impression qui nous soit défavorable."

C'étoit ainsi que se terminoit un écrit repoussé loin du sol François par l'aveuglement et l'impéritie. "Grand Dieu !" nous écriâmes nous, lors que nous en apprîmes la nouvelle, "Prends pitié de la race de St. Louis et de la trop malheureuse France ! Daigne les protéger contre l'esprit du pervers, et non moins, certes, contre l'imbécillité des honnêtes gens! Daigne aussi accorder tot ou tard à un ministère quelconque, tant soit peu de bon sens, de jugement et d'énergie, et retracer à sa mémoire quelque souvenir des premiers principes de religion, de justice et d'honneur.

"Et toi, peuple François, à qui la faction,
Qui renversa le trône, et le poursuit sans cesse,
S'efforce de nouveau de faire illusion,
Ouvre les yeux enfin, aie assez de sagesse
Pour bannir de ton sein ces délires nouveaux,
Etrangers aux François, ennemis de la France.
Ton Dieu, ton Roi, l'honneur, voila tes vrais drapeaux:
Pour guide prends ton cœur, il est mon espérance,
Et dès ce même instant finiront tous tes maux.
Je vais te présenter, sans détour ni foiblesse,
Leur source, leurs auteurs, et de tes faux amis
Exposant les desseins, déjouant la finesse,
Ma voix s'écriera: "feu! ce sont les ennemis!"

"Oui, François de toutes classes; oui, mes trop aveugles et trop égarés compatriotes, vous n'êtes que les jouets *d'une infernale politique étrangère.* Oui, Alexandre, Guillaume, François, c'est à vous mêmes que l'ardeur qui m'anime ose en appeler; à Chatillon, à Fontainebleau, à Paris, à Paris encore, à Aix-la-Chapelle, à Troppau, à Laybach; vos conseils ont été les dupes de l'astuce et de la politique insulaire. Daignez vous rappeller les discours Machiavélistes qui vous ont été tenus dans ces diverses occasions, et qui vous sont renouvelés chaque jour;

daignez en contempler les résultats. L'Espagne et le Portugal en proie à un incendie dévastateur.— L'Amérique Méridionale soustraite à leur dépendance. — St. Domingue à jamais perdue pour la France.—L'Italie prête à se soulever de nouveau au premier signal.—La fermentation répandue parmi la jeunesse de toute l'Allemagne.—La désorganisation morale et politique faisant tous les jours de nouveaux progrès en France—la Grèce enfin servant aujourd'hui de prétexte pour chercher à exciter parmi vous la division et l'inimitié, à réveiller toutes les anciennes jalousies, en un mot à rompre cette union sainte que la Providence divine sembloit vous avoir elle même inspirée pour rendre la paix à l'Europe, la prospérité aux nations, la tranquillité aux esprits, et le bonheur aux hommes. O chef illustre de la Maison de Lorraine, si ma foible voix peut parvenir jusqu'aux pieds du trône que vos vertus honorent, daignez pardonner au zèle qui m'entraine, mais méfiez vous du piége qui est tendu en ce moment à votre magnanimité, à votre intérêt le plus direct. Si vous prétez l'oreille au langage Machiavéliste qui cherche à rompre les liens que vous avez formés avec L.L. M.M. l'Empereur de Russie et le Roi de Prusse, si vous avez le malheur de prèter votre influence au renversement de la maison de Bourbon, dans la vue de former une alliance et avec la France, sous une régence sur laquelle vos ministres croiroient pouvoir exercer une prépondérance bien prononcée, et avec l'Angleterre dont la politique aveugle sur elle même, vous présente en ce moment cette illusion perfide, c'en est fait de votre propre existence et de votre illustre Race.

“ Pourriez vous être plus long temps aveugle à l'évidence même ? L'extrait du journal ministériel que nous avons donné pag. 20 et 21 de cet écrit, découvre la vraie source et l'unique but de toutes les actions et de toutes les démarches du ministère Britannique. Les discours du Marquis de Londonderry et du Comte de Liverpool dans le Parlement, en dévoilent sans cesse les plus secrètes pensées. Ils aperçoivent aujourd'hui, mais malheureusement trop tard, l'abîme que leur imprévoyance a creusé en abusant d'un crédit usurpé et passager, et ils se flattent, à la faveur d'une nouvelle guerre pour laquelle, nous le répétons, ils ont gardé en réserve *l'income tax*, de pouvoir reprendre le monopole du commerce du monde entier, dont l'Angleterre a jou pendant les trente années de troubles qui ont désolé le Continent; Le but unique de la politique Angloise est de semer la division dans toute l'Europe pour retarder les progrès de l'industrie qui s'y développe et pour satisfaire sa coupable et cupide avidité.

“ Tout lui paroit bon, pourvu qu'il tende à conduire à ses fins. Il n'est point de religion qu'elle préfere, point d'alliance qui l'arrête, point de droits de nations qu'elle respecte, point de liens humains qu'elle ne foule aux pieds. Et qu'on ne croie pas que cédant enfin au sentiment d'indignation, qui depuis si longtemps nous oppresse, je cherche à envenimer mes pinceaux ; ni encore moins qu'en dévoilant l'hypocrisie et la perfidie d'un ministère aussi fourbe que foible, je veuille inculper un seul instant la nation Angloise, et l'accuser d'en partager les sentimens. Non. Elle en fut, elle en est, et elle en sera la victime ; et c'est la servir que d'exposer au grand jour un système aussi impolitique qu'il est immoral et anti-chrétien.

" Voyez sa politique infernale, sous le déguisement de la philanthropie, encourager la révolte du nègre à St. Domingue ; et par sonséquent fermer les yeux sur le massacre du blanc.

" Voyez la, sous le manteau de l'hypocrisie, s'occuper clandestinement à étendre et à consolider l'empire du Noir ; (Lettre de Boyer à l'Amiral Popham que nous avons déjà citée, et qui annonçoit le plan qui vient d'être réalisé,) et par conséquent préparer elle même l'embrasement prochain de la Jamaïque et des autres îles, et la ruine de leurs habitans.

" Voyez la, sur toute la surface du continent de l'Amérique, sous le masque de l'humanité, non soutenir l'Indien contre la race de ses oppresseurs, mais exciter le colon contre la métropole ; et par conséquent appeler la révolte dans toutes les colonies. En un mot, en tous lieux, en tous pays.

" Voyez l'Anglois porter au sujet révolté,
Le fer qu'il plonge au sein de la fidélité."

" Voyez le en Grèce employer tous les moyens qui sont en son pouvoir pour protéger *le croissant contre la croix*, et prendre la défense du tyran usurpateur contre un peuple subjugué et opprimé.

" Que de citations ne pourrions nous pas encore faire

si, au lieu de les étendre, nous le voulions les resserrer ? et ponr en agir de même sur les mesures intérieures de ce ministère dont nous avions dit en l'accusant d'une politique aussi coupable.

En le mot *perfidie*
J'ai voulu ménager, et c'est par courtoisie
Que je m'en suis servi : sans quoi je ne saurois
Par quelle expression, en François, en Anglois,
Présenter à tout autre une juste analyse
De l'imbècillité, de l'excès de sottise,
Dont à chaque mesure on a mis le cachet
J'ai taché d'affoiblir. Voila le simple fait.

" Citons rapidement quelques preuves. La conspiration plus que suspecte de Thistlewood, la disparition d'Edwards, la mise en liberté de Franklin, la conduite du procès de la Reine, le retrait par Lord Liverpool du Bill qu'il avoit présenté contre elle ; le discours arraché au Roi au commencement de la session suivante ; la fameuse circulaire au sujet du Congrès de Troppau ;* les économies de bouts de chandelle, autre-

* Nous rapporterons ici un passage de nos réflexions historiques morales et politiques livraison 49, page 468, où, après avoir exposé la conduite du ministère Anglois, nous ajoutâmes : " Quelles peuvent être les intentions du Cabinet de St. James, non seulement pour se refuser de coopérer à leurs efforts, (ceux des Souverains alliés) mais pour tracer et rendre publique une circulaire qui ne pouvoit qu'encourager leurs ennemis ; exciter la fermentation prête à

ment dites, de l'esprit du comptoir, &c. &c. Et tant d'autres mesures qui sont le cachet de la foiblesse et de la médiocrité, ne sont elles pas plus que suffisantes pour justifier notre assertion ?

Le ministère actuel peut il vraiment espérer de prolonger long temps l'aveuglement de l'Europe, et l'illusion funeste dans laquelle il plonge la nation Angloise ? Qui peut ne pas voir aujourd'hui qu'elle est hors d'état de soutenir le fardeau dont l'imprévoyance de ses ministres et l'égoïsme de la race présente l'ont chargé ; qu'elle est dans l'impossibilité de faire la guerre ; que ses ressources reposent sur des bases factices et sur un crédit usurpé ; et que, le jour où le voile se déchirera c'en est fait de sa puissance, de son repos, et peut être, même de son existence.

éclater en d'autres lieux ; en un mot, accumuler, accroître et multiplier les obstacles sous leurs pas ? Si c'est foiblesse ou pusillanimité, si les circonstances où il se trouvoit, (la fermentation au sujet du procès de la Reine, et le clabaudage des journalistes) le portèrent, pour déjouer ses adversaires, à la rentrée du Parlement, à adopter leurs principes, et, déserteurs, pour ne pas dire renégats, de la bonne cause à embrasser le Radicalisme, nous plaignons l'Angleterre : mais, s'il en a tout autre motif, le Continent doit ouvrir les yeux et reconnoitre l'ennemi le plus dangereux, le plus ègoïste, le plus invétéré de son repos et de sa prospérité."

Nous avons souvent exposé dans cet ouvrage les travers auxquels se livre la politique Angloise, et plus particuliérement dans les livraisons 47, 48, 49 et 50. Nous prenons la liberté d'y renvoyer nos lecteurs.

"Trop aveugle Albion,
Qu'à sa perte conduit l'excès d'ambition,
A ce tableau trop vrai, reconnois un systême
Ennemi de la terre, ennemi de toi-même,
Fils d'une politique hypocrite et sans loix ;
Ne fais pas pour autrui ce que tu n'eus toi-même
Voulu qu'on fit pour toi. Respecte ton prochain,
Si tu veux qu'à son tour il te respecte et t'aime,
Car la haine poursuit l'homme orgueilleux et vain." *

* "Quoique nous citions souvent des passages de la prose rimée à laquelle nous avons donné le nom de poëme, nous supplions nos lecteurs de ne pas croire que nous ayons la prétention d'être bon poète, ni même l'idée de le devenir. La personne qui copie nos brouillons, qui y place les points et les virgules, qui en corrige même quelque fois l'orthographe avant que nous les envoyions à l'impression, nous avertit plus d'une fois des fautes de versification qui s'y trouvent. Qu'importe? lui répondîmes nous. La plume est la seule arme qu'il nous soit permis d'employer, nous l'avons saisie, et si notre main est inexperte à la manier, notre cœur nous inspire assez de courage pour nous en servir en dépit des critiques ; en franc soldat qui ne connoit ni détour, ni foiblesse ; en homme profondément affecté de l'atrocité de la politique du ministère Anglois, en un mot en François

"Qui crut, en combattant sa funeste hérésie,
Avoir servi l'honneur, l'Europe et sa patrie ;

et qui finit cet écrit ou poème prosaïque, comme il l'a commencé, en répétant : " et quant à ce qui nous concerne

Nous avons eu deux motifs pour nous permettre les citations qui précèdent; le premier, pour éviter de nous

---

en arrivera ce que le ciel voudra!" Cependant, en bon Chrétien, nous devons avertir notre prochain, et lui conseiller de ne pas remuer les cendres encore chaudes que nous avons commencé à découvrir. Car quoiqu'il puisse se faire que le myopisme et l'idiotisme du jour nous accuse d'avoir outrepassé bien des bornes, nous déclarons à quiconque ne se croiroit pas assez ménagé dans nos écrits, quelles que soient la robe qu'il porte, ou la situation qu'il occupe, qu'il ne s'y trouve pas un seul mot, qui ne soit la modération méme en comparaison de ce que nous eussions été pleinement justifiés de dire, au tribunal de la vérité, en taxant ses actions et sa conduite publique. Toute vérité n'est pas bonne à dire, pour celui qui la dit, s'entend. Nous l'avons répété souvent, et nous en faisons chaque jour la triste expérience. Que l'orgueil offensé ou le vice dévoilé se bornent à nous punir par leurs injustices, mais qu'ils soient assez prudens pour ne pas provoquer des développemens que nous pourrions publier : c'est le conseil que l'ami le plus véritable pourroit leur donner. Le plus isolé de tous les individus est bien peu à redouter sans doute; mais la plume qui n'est arrétée par aucune crainte, et qui proclame toute la vérité, est une arme qui n'est peut être pas tout à fait à mépriser. En dépit du pervers et du perfide, et malgré l'inconcevable aveuglement de l'honnête homme de nos jours, tôt ou tard nos écrits perceront, et les tableaux qu'ils renferment de la dépravation et de la dégénération de cette funeste époque y resteront tracés en caractères indélébiles."

répéter en d'autres termes; le second parceque l'écrit d'où elles sont tirées ayant été renvoyé en Angleterre au mois de Mars dernier, par suite d'une décision du conseil, les vérités qu'elles contiennent ne furent pas connues en France, et par conséquent ne purent éclairer nos concitoyens sur les vues de l'ennemi le plus à redouter pour le repos et pour la prospérité de la France. C'est d'après les mêmes motifs que nous joindrons ici la totalité du premier chant du poème, si cet ouvrage en prose rimée mérite ce nom. Mais nous le ferons précéder de quelques développemens relatifs au premier exposé que nous venons de présenter.

En accusant la politique Angloise de s'etre clandestinement occupée à étendre et à consolider l'empire du Noir dans les Antilles, (ce dont nous avons donné les preuves page 455 de nos réfléxions historiques, morales et politiques) et en en tirant la conséquence que le Gouvernement Anglois préparoit ainsi lui même l'embrasement prochain de la Jamaïque et des autres îles des Indes Occidentales, et la ruine de leurs habitans, nous savons qu'il est un nombre infini d'Européens qui, n'étant pas informés de l'accroissement immense que l'Angleterre a donné depuis vingt ans à la culture de la canne à sucre dans les Indes Orientales, ne peuvent comprendre quel motif a pu la porter à sacrifier ainsi ses propres sujets dans les Indes occidentales: il est donc préalablement nécessaire de leur donner la clé de cette machination vraiment infernale et de déchirer le voile de la fausse philantropie dont l'hypocrisie cherche à se couvrir, au risque de préparer la destruction de ses propres sujets et de faire couler des torrens de sang humain, dans l'unique vue, nous le répétons et nous l'affirmons, de placer entre ses mains le monopole du sucre. Il ne faut, pour en juger, que se rappeler qu'en 1789, l'île de St. Domingue rapportoit annuellement à la France 80 millions de balance en faveur de la métropole, et servoit d'aliment principal à sa marine, tandis que la Jamaïque (excepté sous le rapport de la contrebande que sa situation favorisoit avec Cuba, le Mexique, &c.) n'offroit à l'Angleterre, quant à son commerce en sucre, qu'un très foible intérêt; et faire attention qu'aujourd'hui que la révolte des colonies Espagnoles a ouvert tous les ports de l'Amérique Méridionale au pavillon Anglois, la position de la Jamaïque cessant d'etre un point intéressant pour le commerce de contrebande de l'Angleterre, peu importe au ministère Anglois dans quel moment les colons de cette île infortunée periront sous les coups du Négre révolté, percés par un fer que *l'Anglois lui même aura forgé*, que *l'Anglois lui même aura vendu;* victimes de l'aveuglement ou de la scélératesse politique d'un Gouvernement machiavéliste. Le point étant bien éclairci, nous allons donner ici le premier chant du poème dont nous avons déjà parlé, intitulé "Le Phare Trompeur."

POLITIQUE ANGLAISE.

Il n'est effet sans cause, ou cause sans effets.
C'est à quoi doit songer quiconque veut connoître

La source de nos maux, et suivant leurs progrès,
S'attacher aux moyens de faire disparoître
Ce délire fatal de Constitution,
Qui nous mène à grand pas vers la perdition.
Je le répète encore en face de la terre,
Ce délire puisa sa source en Angleterre,
Que l'enfer, déchaîné contre l'Européen,
Chargea d'inoculer ce virus en son sein.
C'est là que, sous le nom de la philosophie,
Empruntant les couleurs de la philanthropie,
Belzébut alluma tous ces nouveaux flambeaux,
Qui de l'Europe entière ont causé tous les maux.
C'est-la que tout paroît à l'orgueil insulaire
Permis sur son voisin, et que, pour satisfaire
L'insatiable soif de l'avide marchand,
Tout est justifié, s'il produit de l'argent,
Et que du fourbe heureux l'or devient le salaire.
Politique infernale, où t'arrêteras-tu ?
Je te vois en tous lieux semant la jalousie,
Fomentant la discorde, encourageant l'envie,
Déguisant tes desseins sous le nom de vertu,
Et dans tout l'univers répandant l'anarchie,
Pour de ton monopole assurer la série.
Je te vois, avec l'art le plus astucieux,
En guerre comme en paix non moins fallacieux,
Saisir sur tes amis, à titre de conquête,
Tout ce qui peut flatter ton œil ambitieux,
Et planter, sans pudeur, ton étendart en tête
Des golfes et des mers, de tous points belliqueux.
Je vais, pour un moment, fouiller le répertoire

Des ports, forts, bastions, et de tout promontoire
Où l'on voit aujourd'hui flotter ton pavillon,
Servant soit de remparts contre tout tourbillon,
Soit surtout d'entrepôts d'ou part la contrebande
Que ta loi favorite est d'importer partout;
Loi que peut approuver l'avidité marchande,
Mais que l'homme de bien ne voit qu'avec dègout.
Tu ne peux le nier. C'est ainsi qu'en Afrique
Le Cap, l'Ile de France, à l'Indien, au Chinois,
Soutirent leur richesse ; et que le Japonois
Ou tout autre habitant de la Mer Pacifique
De l'Europe ne peut voir un seul brigantin,
Qu'autant qu'il te plaira d'en ouvrir le chemin.
Si je parcours après la Méditerranée,
Gibraltar à mes yeux se présente à l'entrée ;
Malte interdit la route à tout intervenant,
Soit vers les bords du Nil, soit aux mers du Levant ;
Et Corfou tient la clef du Golfe Adriatique,
Porté-je mes regards sur la triste Amérique ?
Je vois ses ports ouverts au pavillon Anglois ;
Mais, hélas ! à quel prix ! Ah ! jamais, non jamais
Le fanatisme armé, guidé par l'avarice,
Fut il plus vicieux, en sa source factice.
Que la philanthropie, au nom d'humanité
Couvrant son intérêt de sa duplicité ?
L'Espagnol, il est vrai, d'une main homicide,
Frappa l'Américain ; mais est-il moins perfide
Celui qui porte et vend au sujet révolté
Le fer qu'il plonge au sein de la fidélité?
Le premier fut l'enfant d'un siècle d'ignorance ,

Ce que je ne dis pas ici ponr l'excuser;
Mais d'un âge éclairé l'autre a recu naissance,
N'est-il pas plus pervers ? je viens l'en accuser.
L'humanité toujours en toute âme bien née
Trouve un accés facile : aussi fut-ce au Congrès,
Pour suivre, y disoit on, du siècle les progrès,
Que, couvrant d'un beau nom l'avarice effrénée,
Sous ombre de vertu, le politique Anglois,
Philanthrope du jour, (ah ! s'il en fut jamais !)
Parlant de son prochain, mais pensant à lui même,
Dissimula si bien son traître et faux systême,
Que les uns, sans y voir rien qui les regardât,
D'autres, sans y penser, ou bien sans avocat,
Tombèrent dans le lacs, se disant à l'envie:
Par un commun accord consacrons la folie.
Et qu'on n'aille pas croire, à cette expression,
Que je veuille un instant ouvrir ici la thèse
Que le Noir doit au Blanc de la soumission,
Ni même ùn seul moment admettre l'hypothèse
Que l'un ou l'autre soit devant Dieu différent.
Ah ! loin de ma pensée un blasphême insultant
Au divin Créateur de la nature entière.
De l'homme, comme toi, je connois la misère,
Philosophe du jour, qni de l'humanité
Empruntes le doux nom pour séduire et pour plaire,
Mais dont le vrai motif n'est que de satisfaire
Et tes plus vils penchans et ton avidité.
Tu plains, l'esclave ? et moi je le plains plus que toi.
Mais quelle est ton erreur ! Dans peu d'instans peut-être
L'esclave planera bien au-dessus du Roi.

Lorsque la mort paroît, l'enveloppe du prêtre,
Du prince et du sujet, de l'esclave et du maître,
Retournent à la terre, où tout est confondu.
Au ciel il n'est de rangs que ceux de la vertu.
Si tu chéris l'esclave, eh bien, fais-lui connoître
Le destin dont le ciel a voulu l'affliger;
Et, pour le consoler, à ses yeux fais paroître
Cette religion qui doit le soulager.
Ah! si Dieu quelque jour, dans une humble retraite,
Me permet d'épancher le sentiment profond
Dont je suis pénétré, mon âme satisfaite,
Entrant avec ardeur dans un champ si fécond,
Oubliera, s'il se peut, la cruelle agonie
Dans laquelle il lui plaît de terminer ma vie.
Hélas! quand viendra-t-il ce moment où mon cœur,
Sonpirant pour toi seul et s'oubliant lui-même,
Pourra, mon cher lecteur, placer son bien suprême
A mettre sous tes yeux le chemin du bonheur!
Ne vas pas préjuger qu'en moi pareil langage
Soit dicté par l'orgueil ou la présomption.
Je n'ai pas, je le sais, droit de passer pour sage,
Et je n'en eus jamais nulle prétention.
Trés étonné moi-même, et bien plus que tout autre,
De me voir tout-à-coup devenir un apôtre,
Ft de voir s'accomplir mainte prédiction,
Je n'écris pas un mot que par conviction.
Mais le moment, hélas? ne peut venir encore
Où perdant, s'il se peut, le triste souvenir
Des tableaux dégoûtans qu'il me faut parcourir,
J'écarterai de moi des sujets que j'abhorre.

Je ne puis les quitter sans avoir exposé
Un plan encor plus faux qu'il n'est même rusé?
Reprenons donc le fil de ce qui reste à dire.
Nous en étions restés au moment du délire
Du Congrès de Paris, où l'on chercha si bien
Qu'on ne trouva que mal, tout en voulant le bien;
Où l'on vouloit le mieux, où l'on fit tout au pire.
Réparer tous les maux qu'un long aveuglement
Avoit faits à l'Europe, étoit uniquement
Le but de la pensée et des Rois de la terre
Et de leurs conseillers. Dire par quel mystère
Un effet si contraire en fut le résultat,
A coup sûr n'offre rien qui nous soit difficile;
Et nous allons encor devant tout potentat
Montrer la vérité, dût même cet asyle,
Asyle hospitalier, disparoître pour nous,
Et dussions-nous périr abreuvés de dégoûts.
Et qu' importe, après tout, quand c'est pour sa patrie,
Pour son Roi, pour son Dieu, qu'on eût perdu la vie
Je vais trop loin sans doute, et j'en dois convenir;
Je ne puis en ce jour éprouver cette crainte
Pour avoir fait entendre une aussi juste plainte:
Mais malheur en ce siècle à qui sait trop sentir!
Qui dit la vérité, peut offenser le vice,
Mais doit dans la vertu trouver sa protectrice.
Au reste, à tout hasard, je viens m'en expliquer,
Ne voulant, en nul cas, paroître délinquer.
Je n'ai contre les loix commis aucune offense;
Je l'espère du moins. Si pourtant, d'insolence,
Ne pouvant me prouver un calomniateur,

On osoit m'accuser, je dois avec candeur
Dire ici ma pensée. En le mot *perfidie*
J'ai voulu ménager, et c'est par courtoisie
Que je m'en suis servi ; sans quoi je ne saurois
Par quelle expression, en François, en Anglois,
Présenter à tout autre une juste analyse
De l'imbécillité, de l'excés de sottise
Dont à chaque mesure on a mis le cachet :
J'ai tâché d'affoiblir ; voilà le simple fait.
J'ajouterai de plus que ce n'est à personne
Que cette expression, soit mauvaise, soit bonne,
Fut jamais adressée ; en un mot, que ce n'est
Qu'à l'irréligion, et qu'à l'hypocrisie,
Qu'à l'immoralité jointe à la fourberie,
A l'action enfin, et non à son auteur,
Que s'adressa toujours le cri de ma douleur.
J'ai le plus grand respect pour chacun des ministres ;
Mais non pas, sur ma foi, pour des plans si sinistres.
J'en poursuivrai la trame, et citerai les faits ;
J'en montrerai la cause ainsi que les effets.
En un mot, combattant leur funeste hérésie,
Je crois servir l'honneur, l'Europe, et ma patrie.
Politique infernale, à la vie, à la mort,
Je te jure la guerre, et, si tel est mon sort,
Je combattrai moi seul contre la frénésie
De ce siècle de vice et d'imbécillité,
De cet âge, en nos jours, si sottement vanté
Pour les plans lumineux de la philosophie :
Tel qu'autrefois David osa de Goliath
Affronter la furie, et de sa seule fronde

Parvint à l'atterrer, d'un *ministériat*
Je puis braver la rage, et dévoilant au monde
Ses perfides noirceurs, peut-être qu'aujourd'hui,
Quoique chétive, hélas! ma plume aura sur lui
Un semblable advantage. Entrons donc en l'arène,
Et sans plus retarder, plaçons en avant-scéne,
Pour preuve de l'excés de sa duplicité,
Egale, s'il se peut, à sa perversité,
Le vrai tableau parlant qu'en offre Saint-Domingue.
Quel est l'homme aujourd'hui qui d'abord ne distingue
Et les motifs secrets, et l'art toujours fécond,
D'un cabinet si franc, d'un ministre si bon.
Avoit-on donc besoin, pour juger sa tactique,
De la lettre probante* à présent si publique,
Que Boyer ecrivit à l'Amiral Anglois,
Dont il mit au grand jour les plans et leurs objets.
Nous croyons qu'il suffit de ce fait authentique,
Si plein de charité, si caractéristique,
Pour faire ouvrir les yeux a Bruxelle, à Berlin,
A Vienne, à Paris même, à Petersbourg enfin.
Quoique hélas! quand on vit les Souverains eux-mêmes
Donner, tête baissée, en de tels stratagêmes,
Croire, tout bonnement, lors du premier Congrès,
Que l'humanité seule exposoit les excés
Que la cupidité commettoit sur la race
Dont certes je suis loin d'approuver la disgrace!

---

* On en trouvera copie, page 445 de l'édition in-4to. des Réflexions historiques, morales, et politiques,' que nous avons publiées à Londres de 1818 à 1821, Livraison 47.

N'étoit-il pas alors aisé d'apercevoir
Que le vil intérêt plaidoit seul pour le Noir,
Et que, sous le manteau de la philanthropie,
L'égoïsme couvroît sa basse hypocrisie?
Quand on vit, disons-nous, le Monarque puissant
Se soumettre sur mer à la loi du Sultan,
Et tous les Souverains, aveugles volontaires,
Obéir humblement aux ordres arbitraires
Que l'Angleterre impose à tous leurs pavillons,
Renonçant, par ce fait, aux droits des nations;
Lors qu'enfin aujourd'hui d'un phare aussi perfide,
La lueur n'apprend pas à juger de son guide;
Que pourroit-on penser à de semblables faits,
Sinon qu'il est des yeux qui ne verront jamais.
Faut-il ajouter preuve à l'évidence même?
Interrogeons le Blanc: demandons à l'Indou,
Si la cupidité ne se fait un joujou
De ses Rois, de ses chefs, et de leur diadême;
S'il fut un joug plus dur, plus pesant, plus affreux,
Que celui des marchands, monarques dans ces lieux?
Quel est le droit, le titre, à leurs yeux respectable,
S'il paroît un moment tant soit peu profitable
A leur cher intérêt, de renverser un chef,
D'en élever un autre, enfin, ainsi qu'un fief
Qui leur appartiendroit, de donner la couronne
A l'un dans le printemps, à quelqu'autre en l'automne.
Telle est la liberté dont jouit sous leurs loix,
Non un peuple de Noirs, mais un peuple de Rois.
Auroient-ils moins de droits à l'intérêt du monde?
Mais quittons un instant Visapour et Golconde,

En prédisant qu'un jour, qui n'est pas éloigné,
Alexandre, au Persan uni par politique,
De ces esclaves Rois prenant enfin pitié,
Ira les délivrer d'un joug si tyrannique.
En attendant, passons dans les différens lieux
Où des Blancs l'esclavage a sans doute envers eux
Du ministère Anglois ému la sympathie,
Et promu pour leurs fers la même antipathie.
Mais c'est en vain que j'ai visité le Persan,
L'Arabe, le Tartare, et jusqu'au Turcoman;
Je n'ai dans aucun lieu d'Afrique ni d'Asie,
Découvert un seul coin où la cafarderie
Ait pris quelque intérêt à sa propre couleur,
Voilà pourtant le fait. Juge à présent, lecteur.
Loin du Golfe Persique et de la Mer Caspienne,
Allons voir si la peau de la Circassienne
Auroit eu plus d'attraits pour le cœur attendri
De l'avocat du Noir, parlant au grand Jury.
Le Blanc ne toucha point sa charité Chrétienne:
Mais, par ma foi, la Blanche en peut valoir la peine.
Aussi je m'attendois contre chaque Sultan
A voir bientot tonner Jupiter le marchand.
Mai mon attente est vaine; et lorsque l'innocence,
La pudeur, la beauté, n'ont aucune influence
Sur un preux dont le cœur est si tendre et si pur,
Je cherche à deviner qui l'a rendu si dur.
Je le trouve à la fin: c'est l'amour d'un vil lucre,
Ce n'est ni la couleur, ni la peau—c'est le sucre.
Mais comment exprimer ce qui se passe en moi?
Mes yeux me trompent-ils? Quoi, Malte, est-ce bien toi

Qui parois à ma vue? Ah! seroit-il possible?
Quel est ce pavillon qui flotte sur tes murs?
Je n'y vois plus celui qui du Chrétien paisible
Etoit le protecteur, et d'ennemis impurs
L'épouvante et l'effroi. Tes remparts formidables,
Ton port, tes arsenaux, tes forts inexpugnables,
En quelles mains sont-ils? De la religion
Et de la politique ils marquoient l'union.
Du Croissant la terreur, du malheureux l'asyle;
Ton port étoit ouvert à toute nation.
Un sol aussi borné qu'il étoit infertile
Te mettoit à l'abri de tout ambitieux
Que la soif de la gloire eût porté vers ces lieux.
Par quel fatal destin te trouves-tu la proie
D'un ami qui se dit le constant protecteur
Des droits de la justice et de ceux de l'honneur?
Malte répond: " Helas! je présentois la voie
Au débit de ses draps; je parus à l'Anglois
Un bon point de départ pour toute contrebande
Avec le Sicilien comme le Calabrois;
Si la guerre éclatoit, de mon Roc il commande
Le passage en Crimée. Enfin, pour mon malheur,
Il me convoitoit fort; et ce calculateur,
Qui sait bien son métier, vit le moment propice,
Et sut en profiter. Telle est, sans artifice,
L'exacte vérité. Ne voulant pas d'abord
Donner aucun ombrage, il fut assez retord
Sous le nom de gardien pour voiler sa puissance.
Mais lorsque vint la paix, il rompit l'apparence,

Et me trouvant commode et fort bon à garder,
Il ne pensa jamais à me rétrocéder."
Ainsi Malte parla. Moi, soudain je m'informe
Si l'on vit sur ces mers un drapeau cruciforme
Poursuivre avec chaleur du Chrétien l'ennemi,
Et contre le Croissant ce rempart raffermi.
Si l'Anglois, de l'esclave ami prudent et sage,
L'a protégé suivant les principes de l'âge
Dont il est le prôneur, et la fondation
Du lieu dont s'emparoit son *abnégation.*
A ces mots, tous les yeux se remplissent de larmes.
La mer s'est vu couvrir d'ennemis de la foi;
Nul croiseur ne paroît. Les peuples en alarmes
Ne sauroient sur la côte approfondir l'emploi
Du vaisseau que l'on voit; s'il est Chrétien, barbare,
En un mot, de sa bourse ou de son sang avare?
S'il est voleur ouvert, ou bien contrebandier
Et dans le choix des deux, quel est le flibustier
Qui soit plus ennemi de son Dieu, sa patrie,
Sa personne, ou ses loix; et lequel plus renie
La morale et sa foi. Trop aveugle Albion,
Qu'a sa perte conduit l'excés d'ambition,
A ce tableau trop vrai reconnois un systême
Ennemi de la terre, ennemi de toi-même,
Fils d'une politique hypocrite et sans loix:
De Dieu, comme de l'homme écoute enfin la voix.
Qui prône la vertu, doit en donner l'exemple.
Plus que le vrai croyant, le Tartuffe en un temple
Peut passer pour un saint: mais gare, si jamais
On vient à découvrir ses trames, ses biais.
Ne fais pas pour autrui ce que tu n'eus toi-même

Voulu qu'on fît pour toi. Respocte ton prochain,
Si tu veux qu'à son tour il te respecte et t'aime
Car la haine poursuit l'homme orgueilleux et vain. *

* En ouvrant ce matin le *Morning Post*, (journal ministériel,) nous y avons lu l'article qu'on trouvera ci-après, et dont nous avons souligné les passages les plus curieux.

Nous invitons tout ami de l'Angleterre à ouvrir à temps les yeux sur le gouffre ou l'entraîne la politique qu'a suivie son Gouvernement depuis 30 ans.

Ello accusa Buonaparte d'ambition, et certes ce ne fut pas sans cause; Elle accuse l'Empereur Alexandre d'avoir des vues semblables; accusation si ridicule et si déplacée, qu'elle ne mérite pas d'être réfutée: mais les ministres Anglois en ont-ils eu, en ont ils encore une moins gigantesque que Buonaparte? Les faits répondront à cette question.

Je vais plus loin; j'irai jusqu'à supposer que le langage que la politique Angloise peut tenir à Vienne, à Berlin, et surtout à Paris, en disant que l'Empire de Russie menace d'envahir l'Europe, et qu'il faut se réunir pour opposer une barriére à l'ambition de l'Empereur Alexandre, est vrai dans tout son étendue, et que ce souverain, aveuglé par une ambition sans bornes, veut prendre pour modéle le Roi de Macédoine, Alexandre dit le Grand. Et de grâce, qu'est-ce que cela feroit à l'Europe et surtout à la France? A-t-on oublié ce qu'est devenu l'Empire d'Alexandre après sa mort? N'a-t-on par sous les yeux le sort de celui de Buonaparte? L'Europe sera-t-elle donc toujours aveugle, et la France surtout le seroit elle en ce moment sur la politique d'une Puissance qui, par sa position topographique, n'a jamais du avoir la moindre chose à démêler avec le Continent; qui ne s'y est jamais introduite que pour y semer le trouble et la discorde, et en profiter pour son intérêt? Le territoire de la Russie, quand même la puissance de l'Empereur Alexandre s'étendroit jusques sur l'Indostan dont il deviendra probablement le libérateur avant cinq ans, ne doit ni donner de l'inquiétude, ni nuire aucunement à la France. Au contraire, plus la Russie qui sera bientot alliée avec les Américains donnera d'alarmes à l'Angleterre, et se trouvera en contact et en opposition directe avec elle, plus la France, en gardant la neutralité, en retirera d'avantages. La position topographique de la France, son climat, sa population, le caractère national du François, son industrie active, tout concourt à placer ce pays de maniére a ce qu'il n'ait à craindre aucune Puissance sur la terre; et du moment où son Gouvernement aura la sagesse de mettre tous ses soins à fermer les plaies que la revolution a faites à la morale publique et au caractère national, la France redeviendra en peu d'annèes ce qu'elle n'eut jamais du cessé d'être, la nation la plus puissante du globe, comme elle en est la plus privilégiée.

Il ne manqueroit plus à l'excès d'aveuglement de tous nos nouveaux génies du jour, que d'etre encore une fois le jouet et la dupe de la politique du Gouvernement Anglois. Je sais que les erreurs aux quelles s'est livrée la politique Russe peuvent, et je dirai même, doivent avoir aigri tout bon François. Mais sans doute l'Empereur Alexandre fut mal informé et fut trompé lui même. Ses yeux se sont probablement ouverts. Mais concevons encore des soupcons sur ses dispositions à l'égard de la forme du Gouvernement Francois; que devroient faire à la France et le Russe et l'Anglois, si son Gouvernement avoit la moindre énergie, la plus foible lueur de sens commun?

Extrait du Morning Post du 15 *Décembre* 1821.

" Nous avons reçu hier soir les journaux d'Allemagne jus qu'au 5 du courant. Ils fournissent de nouveaux motifs pour engager nos négocians à ne pas perdre de temps pour s'assurer des principaux débouchés du commerce avec le Pérou, le Mexique, et les autres etats qui s'élèvent en ce moment dans l'Amérique Méridionale. C'est une occasion, si l'on sait en profiter, qui peut rendre l'activité à nos manufactures, et mettre fin à la détresse qui a accablé les classes inférieures depuis la paix. Si *on la perd,* ou si l'on n'en *profite que partiellement,* LE SCEPTRE DU COMMERCE passera de nos mains en celles de nations plus entreprenantes ; et nous aurons la mortification de voir *leur triomphe* en même temps que *notre naufrage,* et de trouver notre *décadence assurée* par leur *prospérité croissante.* La Compagnie du Rhin pour les Indes Occidentales, qui n'existoit qu'en projet lors de l'arrivée des dernières nouvelles d'Allemagne, est maintenant établie, et commence probablement ses opérations. Ses réglemens n'ont pas plus tôt été rédigés, qu'ils ont recu la sanction du Souverain de la Prusse, qus n'a pas hésité à reconnoître l'indépendance des nouveaux empires trans-atlantiques, quoiqu'il soit en paix avec l'Espagne. Ces réglemens ont été publiés ensuite. Ils disent que l'objet de la Compagnie est d'exporter exclusivement, les productions naturelles et manufacturées de l'Allemagne, dans les Indes Occidentales, et dans l'Amerique Septentrionale et Méridionale ; qu'elle doit exister pendant 30 ans, et que le capital doit en consister en deux mille actions de cinq cents dollars de Berlin chacune ; ce qui formera en total un million de dollars, portant intêret à quatre pour cent. Tels sont les principaux traits de ce nouvel etablissement commercial, qui, *s'il ne rencontre ni opposition* ni OBSTACLES EFFICACES, peut suffire pour produire un jour une de ces grandes revolutions de commerce qui ont fait tour à tour de Tyr et de Sidon des villes de palais *au milieu d'un monde tributaire,* ou des amas de ruines dans le desert.

Depuis l'époque où nous écrivîmes le poème et les réflexions qui précèdent, neuf mois se sont écoulés. Examinons quelle a été la politique du Gouvernement Anglois pendant cet intervalle.

Déployer à Vienne et à Paris tous les moyens que l'astuce a pu lui suggérer pour alarmer ces deux cours contre l'ambition de la Russie, et leur représenter, sous les couleurs trompeuses d'un prisme, les prétendus dangers dont l'accroissement de cette puissance menaceroit leur sureté personnelle, si l'on souffroit qu'elle s'emparât du Bosphore et qu'elle formât un nouvel empire dont Constantinople seroit la capitale, a été sa constante occupation. Nous venons de répondre à ces argumens, auxquels il n'y a que des ignorans, des aveugles, de vrais idiots qui puissent se laisser prendre, et nous achèverons de déchirer le voile de cette nouvelle hypocrisie, en disant à la cour de Vienne : Le possesseur des îles Ioniennes, voila le véritable ennemi du commerce de Venise et de Trieste ; en répétant à celle de France : Le possesseur de Malte, voilà le véritable ennemi du commerce de Marseilles avec le Levant. Et quels autres motifs, demanderons nous ensuite à l'Angleterre, auriez vous pu avoir pour vous emparer si astuciensement, pour conserver si indignement des contrées auxquelles vous n'aviez aucun droit, si ce n'étoit dans la vue de pouvoir suspendre ou interdire à votre gré le commerce de l'Autriche et de la France dans la Méditerranée et avec le Levant ? Et quand l'évidence est si claire, pouvez vous bien encore pouvoir espérer de prolonger plus long temps l'aveuglement de ces deux cours sur vos motifs secrets, sur l'égoïsme et le vil intérêt qui sont les directeurs suprêmes de toutes vos paroles, de toutes vos pensées de toutes vos actions ? Que les Russes ou les Grecs, dirons nous à ceux que l'Angleterre voudroit encore aveugler, soient maitres de Constantinople en place des Turcs, le commerce de la Provence et des bords de l'Adriatique en souffrira-t-il ? Non certes ; il ne peut au contraire qu'en profiter considérablement. Mais, s'il en est ainsi, gardez vous donc bien de vous laisser abuser par les tableaux mensongers que l'Angleterre a l'art de vous présenter sur les dangers dont vous menace l'empire colossal de la Russie. Eh, grand Dieu ! Est-ce donc l'étendue du territoire qui rend une population active et riche? Est il un empire gigantesque qui puisse long temps subsister ? Tout fleuve débordé ne doit il pas inévitablement rentrer dans son lit? Voyez l'empire d'Alexandre, celui des Césars, celui de Buonaparte, et bientot vous en aurez un autre exemple qui ne sera pas moins frappant—La position où se trouve l'Angleterre, et celle où elle sera réduite avant trente ans. Le motif qui dirige toutes ses intrigues auprès des cours de France et de Vienne n'est certainement pas l'intérêt qu'elle prend aux Musulmans ; mais Buonaparte a récemment indiqué l'Egypte comme le chemin par lequel les marchandises de l'Inde doivent prendre leur cours, et tot ou tard, soit les Russes, soit plus promptement encore les Grecs, pourront bien réaliser son rêve. Voila, fiére Albion, le motif qui vous fait trembler ! Voilá la cause secréte qui met en jeu toutes vos intrigues pour prévenir ce moment fatal à vos intérêts; moment que, politiquement, la France et l'Autriche ne sauroient trop chercher à accélérer, car alors, et n'importe à qui appartiennent le Caire et Constantinople, elles auront du moins part au commerce des Indes Orientales, par Marseilles, Venise et Trieste, tandis qu'aujourd'hui, grace au monopole que vous exercez, ces deux puissances que vous voulez atteler à votre char pour les opposer à ce gigantesque empire de Russie, voient leur commerce chargé des chaines qu'il vous plait de leur imposer, et sont forcées de recevoir de vous les productions des Indes, au prix de tel tribut que votre caprice veüt en exiger.

Mais c'est en vain qu'après avoir échoué à Vérone dans les efforts que votre négociateur y a faits, tant pour détruire l'union précieuse qui règne entre les puissances du Continent, que pour suspendre la foudre qui se préparoit à frapper la révolte en Espagne, à terrasser l'hydre révolutionnaire, et à rendre enfin le repos à l'Europe, le Duc de Wellington est accouru à Paris pour y semer des doutes sur les intentions des puissances alliées, y a trouvé, dans le conseil du Roi, des êtres assez idiots pour être un instant sa dupe; c'est en vain, ajouterons nous, que déja vous vous applaudissez, dans le cabinet de St. James, d'avoir jeté une pomme de discorde entre le Roi de France et les trois Souverains qui venoient de placer en lui toute leur confiance; les députés François vont s'assembler, et ils sauront enfin déchirer un voile trompeur, faire triompher la gloire du trône et l'intérêt national, et sauver les Bourbons et la

France du nouveau précipice sur les bords duquel vos perfides intrigues ont réussi a la placer.

Nous sommes bien loin de ne pas appercevoir les inconvéniens que peut entrainer la marche d'une armée Françoise en Espagne, avec le peu de confiance que doit inspirer à la nation une administration aussi foible qu'elle est peut être pure ; qui (ceux qui la composent ne pourroient en disconvenir eux mêmes) n'a fait, depuis un an, que végéter dans la plus complète nullité ; qui n'a pas su faire entendre aux François le langage de la candeur, de la vérité, de l'honneur, lui montrer le panache du grand Henry, et faire ainsi cesser toutes divisions, et disparoitre tout esprit de parti. Nous sommes loin, disons nous, de ne pas reconnoitre l'incapacité d'une semblable administration, mais néanmoins, nous osons assurer que tous les inconvéniens qui ont pu l'arrèter, disparoitront, si les quatre grandes puissances du Continent sont profondément imbues de leurs premiers devoirs, et pénétrées de leurs intérêts les plus directs ; si en conséquence elles resserrent de nouveau entre elles en ce moment, et plus fortement que jamais les liens précieux qu'elles ont déja formés, et qu'elles agissent à l'avenir avec un accord parfait dans toutes leurs mesures respectives. Laissons, nous François, l'Autriche et la Russie se partager la Turquie Européenne, si bon leur semble, et s'arranger avec la Prusse ; loin de nous y opposer, concourons à leurs arrangemens, et contentons nous de stipuler seulement pour nous la liberté entiére et inviolable de notre commerce. Nous pouvons en retirer par une telle conduite plus de profit que ces puissances mêmes. La France est trop grande par son territoire fertile, par sa population nombreuse, par ses côtes étendues, par son climat privilégié, par les qualités précieuses de ses habitans, pour qu'elle ne soit par toujours la premiére nation de l'Europe, du moment que son gouvernement s'occupera principalement de fermer les plaies q'une révolution trop long temps prolongée a creusées dans le caractère moral et national du Francois; de diriger son attention vers des améliorations en agriculture; d'étendre son commerce; de développer son industrie et son activité; en un mot du moment que les ministres du Roi seront des serviteurs fidèles et de veritables administrateurs, et qu'ils cesseront d'être des intrigailleurs.

Les inconvéniens de la marche d'une armée Françoise en Espagne disparoitront paréillement à l'intérieur, si tous les préliminaires ont été bien concertés, si une armée réelle et suffisamment approvisionnée a été véritablement rassemblée sur nos frontiéres, ce qu'on a débité, mais ce dont nous craignons d'avoir lieu de douter; et si, dans ce cas, on la met en mouvement, sans attendre que des négociations aussi plates qu'illusoires, et qui ne sauroient donner une idée bien merveilleuse des talens ni du discernement de leurs avocats, donnent le temps à de vils ramas de brigands de se rassembler, de s'organiser, de se consolider, et d'écraser le parti qu'on a tant d'intérêt à soutenir, puisque lui seul peut, justifier et faciliter la marche de cette armée.

Au reste, ce qui tranche la question d'un seul mot, c'est qu'il n'y a pas d'alternative, car il faut non seulement avoir oublié tout sentiment de devoir, d'honneur et d'intérêt, mais même avoir perdu tout à fait le jugement pour ne pas voir qu'ici il faut frapper ou être frappé; qu'il n'y a pas d'autre choix, et que, plus on retarde, plus on expose la cause, plus on se prépare de difficultés, plus on augmente ses propres dangers.

Nous terminons à la hâte ces réflexions, pour les faire passer à Londres, où elles seront imprimées pour être envoyées à Paris. Nous osons espérer qu'elles n'y seront pas rendues publiques sans quelque utilité.* Ah! cessons, cessons désormais sur le Continent, et nous surtout en France de fermer plus long temps les yeux sur la source de tous nos maux. Autant la nation Angloise mérite toute l'estime, tous les vœux des honnêtes gens, autant la politique insigne de son gouvernement doit exciter l'indignation de tous les hommes de bien. Le premier motif nous empêche de rendre publics les moyens par les quels la France pourroit avec la plus grande facilité porter à l'Angleterre les coups les plus funestes, si jamais elle s'y trouvoit forcée; le second nous fait un devoir de dénouncer à l'Europe entière l'ennemi le plus pernicieux de son repos et de sa prospérité.

---

*Si elles tombent entre les mains de quelques loyaux gentilshommes, ou de tous autres Francois qui partagent nos opinions et nos sentimens, nous osons le solliciter de les faire réimprimer en France, et nous autorisons tous libraires et imprimeurs à en faire autant, et à les vendre à leur profit.

Berwick sur le Tweed, le 6 Janvier, 1823.

Tous les faux raisonnemens que nous lisons dans les journaux François depuis la démission de Mr. De Montmorency et la nomination de Mr. de Chateaubriand, nous engagent à ajouter à la hâte quelques réflexionsà celles que nous avons jetées sur le papier avant hier. Grand Dieu! nous sommes nous souvent écriés à la lecture d'écrits et de discours si vantés aujourd'hui, que le cœur est donc corrompu, ou que l'aveuglement est devenu grand! Que le sens qu'on attachoit aux expressions est changé, ou que les idées sont devenues banales! Pardessus tout, que l'esprit est perfide, et que les gens d'esprit sont bêtes! y a-t-il donc pour eux deux Dieux, deux honneurs, deux justices? La vérité n'est elle plus à leurs yeux une et indivisible- Qu'un ministre immoral ait proclamé toutes les immoralités, il étoit d'accord avec lui même. Qu'un ministre pervers ait propagé toutes les perversités, c'étoit une conséquence naturelle. Pouvoit on attendre autre chose de l'influence des productions d'un Fouché? Qu'un ministre, traitre à la race de ses Rois, ait fait tous ses efforts pour tout désorganiser, tout confondre, tout bouleverser, c'étoit la seule marche par laquelle le Secretaire de MADAME MERE pouvoit arriver à ses fins. Mais lorsque ces trois fléaux eurent disparu, et que le ministère fut enfin tombé entre les mains de serviteurs distingués par leurs talens oratoires, par leur courage éclatant,par leurhaute naissance, par leurs vertus privées, par une conduite honorable en tout, qu'ils aient fermé les yeux sur les plaies profondes de la France, et aien méconnu les ressources que le caractère et le cœu du Francois leur offroit pour les fermer ; c'est ce qu'o ne devoit pas attendre de la réunion des membres qu le composent aujourd'hui.

" Les ministres actuels," avions nous dit dans ce écrit qu'ils ont banni du sol François, "se trouven placés en ce moment aux pieds des autels renversés ; auront ils la volonté de les relever ? ils entourent les marches du trône ; auront ils la volonté de lui rendre sa splendeur ? ils sont aux portes du temple de la justice ; auront ils la volonté d'y entrer ? ils tiennent entre les mains la destinée future de la France ; auront ils la volonté d'en opérer la régénération complète ? Et s'ils ont toutes ces volontés, méconnoitront ils la latitude du pouvoir de la vèrité ? Ecouteront ils des avis timides ? Marcheront ils de biais ? Auront ils, en un mot, la force de s'elever au dessus des opinions du jour ?" Hélas ! dirons nous aujourd'hui, nous avons trop d'estime pour leur caractère personnel, pour ne pas croire encore qu'ils avoient dans le cœur toutes ces volontés ; mais ils ont méconnu l'influence du pouvoir de la vérité sur des cœurs François, et ils n'ont point eu l'énergie de s'élever au dessus des opinions du jour. Douze mois se sont écoulés, sans qu'ils aient pris aucune mesure administrative ; sans qu'aucun elan régénérateur soit émané de leur cœur ; sans qu'ils aient indiqué aucune amélioration à notre culture, à notre commerce à notre industrie nationale. Sans plan et sans vues, ils se sont bornés à vègéter au jour la journée ; et, sous le déguisement de la prudence, ils n'ont montrêque foiblesse et nullité. Enfin, pour couronner la carriére de leur insignifiance, ils viennent d'y ajouter la veritable impéritie de séparer, en quelque sorte, le Roi, des augustes Alliés qui venoient de placer toute leur confiance en lui, et de l'appui desquels la Maison de Bourbon, grâce à l'auteur de la Monarchie suivant la Charte et à ses adhérens, a peut être encore en ce moment plus de besoin que jamais. Assurément la conduite de Mr. Montmorency, en cette circonstance, a répondu à l'illustre nom qu'il porte, et point l'ame du vrai gentilhomme François ; mais toutes les basses adulations des journalistes, addressées à son successeur, et leurs vains efforts pour faire croire que les mêmes opinions continuent à dominer dans le Cabinet des Tuileries, ne rendront ni au Roi la confiance des puissances étrangéres, aussi long temps qu'il sera entouré de tels conseils, ni certes à ses ministres l'opinion d'aucun François qui ne seroit ni imbécille, ni intrigant, ni bas valet.

Députés de la France, vous allez vous réunir dans une circonstance non moins intéressante et peut être plus critique encore qu'aucune de celles qui ont précédé. C'est à vous à éclairer le Roi. Il est faux que les Jacobins soient redoutables dans notre patrie ; c'est calomnier la France que de les y croire nombreux et dangereux. Mais il est plus que temps de faire succéder le langage de la candeur et de la vérité, à tous ces galimatias d'erreurs, à tout ce fatras de faux esprit.*

* J'entends d'avance tous ces journalistes qui se font une étude et un jeu de composer tous les mensonges, de déna-

Oui, j'en appelle au cœur, à l'ame, au jugement de qu conque n'a pas encore été egaré par l'ambition, l'amou

turer toutes les vérités, de déchirer par les plus infâme calomnies, le caractère des peisonnes qui combattent leur pernicieux principes, s'écrier: " Voila le language de ultra, qui ne visent qu'á *rétablir l'inquisition, la féodalit* &c." Mais celui la est bien fort contie leurs calomnies, qu depuis le 25 Décembre, 1813, jour de son arrivée près d Roi à Hartwell, a résisté au torrent par lequel chacun s'es laissé plus ou moins entrainer; qui a fait tous ses effort pour prévenir toutes les humiliations que la Maison d Bourbon a éprouvées; qui peut en appeller au roi et à tou les princes de son auguste famille pour des témoigngaes d sa conduite, de son zèle, de son dévouement sans bornes leur intérêt et à leurs personnes; qui n'a cessé de plaide constamment la cause de la religion, de la justice, d l'honneur, des Rois et des peuples; qui ne craint pas qu'o puisse trouver dans ses écrits ni contradictions, ni préjugés dont la justesse des réflexions est prouvée par la funeste expérience des événemens passés et présens; enfin dont l modération des sentimens est consacrée depuis long temps dans les divers écrits que le zèle lc plus pur a seul été capable de le déterminer à publier.

De quelque parti que soit celui qui voudra bien lire les Nos. 17 et 19 de nos Réflexions Historiques, Morales et Politiques, il pensera comme nous, s'il est de bonne foi. Que l'aveuglement et l'arbitraire cessent donc d'arrèter la publication d'écrits puisant leur source dans le cœur d'un François qui en appelle à celui de ses compatriotes pour les juger, et dont la lecture ne peut certes déplaire ni à aucun homme d'honneur, in â aucun homme de bien.

propre ou l'intérêt; à tout François resté pur au milieu de la corruption enfantée par tous les délires modernes; c'est cet ouvrage vraiment révolutionnaire, " La Monarchie suivant la Charte" ce sont les opinions répandues par "le Conservateur," dont les auteurs eurent des motifs purs, mais dont l'erreur fut encore plus grande, puisqu'ils contribuèrent à la dégénération et à la désorganisation du précieux caractère françois plus que ne l'ont fait tous les écrits émanés du Jacobinisme. Le choix de vos commettans qui viennent de renouveler en vous une seconde chambre introuvable, est la preuve irrécusable de mon assertion. De la Méditerranée à l'océan, des Pyrénées aux Vosges, le royalisme domine, et il renaitra dans toute sa pureté le jour où le panache de Henry l'appellera à son appui, et se montrera à la tête des armées. C'est à vous qu'est dévolue la gloire d'écraser l'hydre révolutionnaire, de conquérir la paix, et d'assurer le repos de l'Europe, en dépit et à la vue de ses plus invétérés ennemis. Que Bourbon victorieux pardonne ensuite; la clemence et la bonté sont l'apanage de cette race auguste, et ce n'est qu'en écoutant trop son cœur, et par l'excès de ses vertus, que Louis XVIII. lui même se laissa trop souvent séduire, et devint si facile à tromper.

" La vertu fut à lui, le crime à ses ministres,
Cessez donc, ah! cessez, flatteurs par trop sinistres,
Courtisans insensés, frappés d'aveuglement,
N'ouvrant pas même encor les yeux en ce moment,
D'insulter à Louis, aux François, à vous même,
Et ralliez vous tous au nom du Roi, *quand même.*"

Lui dissimuler ses erreurs, c'est le tromper; le louer sans discernement, c'est le trahir; ne lui taire aucune vérité, *quelque triste qu'elle soit*, c'est lui être fidèle, c'est le servir, c'est l'aimer.

Continuer à suivre les avis intéressés et perfides de l'Angleterre, ce seroit donner tête baissée dans les piéges que ne cesse de nous tendre notre ennemi le plus invétéré; nous effrayer de ses vaines menaces, ce seroit méconnoître la puissance de la France; fermer les yeux sur les cotés foibles de cette nouvelle Carthage, ce seroit avouer notre ignorance de la nullité dont, en ces de guerre, on peut frapper sa marine, et s'humilier devant un ennemi aussi orgueilleux que peu redoutable; enfin être arrèté un seul instant par le clabaudage de quelques journalistes, ou par les cris d'agioteurs ou d'escrocs, ou par les jeux des bourses de Paris et de Londres, ce seroit n'etre pas financier, et s'imprimer le cachet de manque de discernement et d'une incapacité complète.

En effet, sous le règne des Bourbons, dont on connoit la délicatesse poussée jus qu'an scrupule en faveur des créanciers de l'Etat, et avec la richesse territoriale de la France, peut on craindre que les fonds publics n'y soient pas plus recherchés qu'en tout autre pays du monde? Leur solidité ne peut être ébranlée ni par des révoltes dans l'Inde, ni par des soulévemens contre des impots immodérés, ni par l'alarme que le moindre événement pourroit inspirer à l'opinion publique. La richesse de la France existe dans son sein, et ne consiste pas dans des produits étrangers; elle nait sur son sol, et n'est pas exposée sur des mers agitées ; elle est réelle, et non factice ; en un mot elle ne peut que s'accroître du moment que le gouvernement déploiera la moindre vigueur, et reprendra, au même instant, son ancienne stabilité.

" C'est à lui donner cette stabilité que nous visons," ne manqueront pas de dire ces éternels aveugles volontaires, ou ces incurables amateurs de nouveautés qui continuent toujours à nous faire regarder les astres, pendant qu'ils nous enfoncent de plus en plus dans un puits ; " mais ne voyez vous donc pas, ajouteront ils, les obstacles immenses qui s'y opposent?"* Non, leur répondrai-je, non. Ouvrez les yeux, et le fantôme qui vous effraie, disparoitra. Ce géant épouvantable n'a pas même la force d'un nain. Il n'existe d'obstacles réels que dans vos cerveaux ; dans votre manque de discernement à savoir profiter des circonstances ; dans la fausseté de vos principes, ou plutôt de vos vues ; ou dans une foiblesse qui grossit à vos yeux tous les objets ;

---

* La prudence, compagne inséparable de S. E. Mr. le Président du Conseil, paroit, suivant l'annonce des journaux, être au moment de produire quelque enfantement. Sera-t il plus brillant que celui de la montagne de La Fontaine? Nous le souhaitons plus que nous ne l'espérons. Mais en même temps, nous ne dissimulerons pas nos vœux pour que MM. les députés qui vont se réunir, ne s'en laissent pas imposer par de petites mesures tardives, et recommandent à S. E. de ne pas marcher comme la tortue de la fable, sans s'égarer pour cela comme le lièvre.

et surtout, et avant tout, dans votre obstination à méconnoitre le caractère françois. " Apprenez, *hommes du jour*," disions nous, en terminant notre cinquième livraison, page 48, " que l'opinion publique en France, non le cri des factieux, non les acclamations soudoyées des agens de la police, mais cette opinion formée par la vertu. la morale et la probité, prend sa source chez le François dans son âme et dans son cœur. Qu'on frappe à cette porte, et son réveil ne se fera pas attendre longtemps." Mettez en jeu l'honneur et l'amour propre, vous l'enivrerez d'enthousiasme ; parlez lui le langage d'une froide métaphysique, vous frapperez d'engourdissement sa vivacité naturelle.

" Mais que pouvons nous faire contre les opinions du Roi ?" finiront ils par me dire, quand je les aurai poussés jusques dans leurs derniers retranchemens. Cessez, leur répondrai-je encore, cessez d'abuser de ce nom sacré. Vous qui voulez être loyaux et fidèles, cessez, pour couvrir de fausses opinions ou des vues personnelles, de calomnier ce prince, dont une politique Insulaire a causé tous les malheurs, et dont l'excès de bonté, et une confiance trop aveugle, ont été l'unique source de toutes ses erreurs. Encore une fois,

" La vertu fut à lui, le crime à ses ministres."

En effet, peut on attribuer un seul instant à Louis XVIII. les productions immorales et irreligieuses qui furent couvertes de son nom, sous le ministère de M. de Talleyrand, sans méconnoitre ses plus éminentes vertus ? Non sans doute ; il fut trompé, il fut trahi à cette époque comme il n'a cessé de l'être depuis. Jamais il n'à partagé les opinions de M. de Talleyrand, et la preuve en est sans réplique puis qu'il l'a renvoyé.

Toutes les mesures perverses et atroces qui reçurent la sanction du nom du Roi, sous le ministère de M. Fouché pourroient elles avec plus de fondement être attribuées à ce monarque, ainsi que l'admission de ce régicide dans le conseil du frère de Louis XVI.? Ce fait, le plus révoltant de la nature, dément de lui même la participation de Louis XVIII. à cette nomination, dont les conférences du duc de Wellington avec ce Fouché, sur les hauteurs de Montmartre, nous ont donné la clé. S'il en falloit une autre preuve, le Roi l'a renvoyé.

Les ordonnances qui furent également revêtues du nom du roi, et qui se succédèrent si rapidement, sous le ministère du secrétaire de Mme. Lætitia, de l'adorateur de la reine Hortense, de l'ami du jeune Beauharnois, dit Prince Eugène, en un mot de l'agent de toute la clique Buonaparte, toutes tendant à préparer la chûte de la Maison de Bourbon du trône de France, peuvent elles être, avec plus de raison, attribuées à Louis XVIII.? En ce cas, pourquoi ne pas croire aussi que ce prince participa aux infâmes calomnies qui furent répandues par M. Caze, ou ses agens, contre S. A. R. MONSIEUR, en l'indiquant comme chef d'une conspiration qui avoit pour but d'assassiner et de détrôner son frère et son Roi? or il est impossible qu'on s'arrète un instant à un soupçon si odieux. Sans doute ce serpent perfide fut bien ingrat; mais il a pu trahir son maitre, et non lui faire partager ses opinions. La preuve en est claire, le Roi l'a renvoyé.

Vous lui avez succédé, M. de Villèle ; certes vos intentions sont pures, personne n'en est plus convaincu que nous, mais vos erreurs en sont elles moins grandes? Votre administration en est elle moins funeste? Sous elle, on voit se consolider toutes les immoralités, toutes les perversités des ministères qui vous ont précédé ; sous elle, la France ressemble à ce malade " en qui la gangrène émousse tout sentiment de douleur, et qui s'éteint dans l'insensibilité." Vous croyez la régénérer? Hélas ! c'est vous qui achevez de la perdre, et qui accélérez l'embrasement de l'Europe : prédiction que l'avenir ne verra que trop tot se réaliser, si l'on diffère un instant de plus à écraser toutes les têtes de cette hydre revolutionnaire qu'un enchainement d'aveuglemens indéfinissable a laissé subsister de tous cotés, et qui, grace aux funestes erreurs auxquelles on continue à se livrer, ne tarderont pas à se relever.

Si vous faisiez attention, M. de Villèle, aux louanges que vous prodiguent les journaux les plus infectés de jacobinisme et de radicalisme, vous cesseriez peut-être de douter combien votre foiblesse, déguisée sous le nom de prudence, est utile à leurs perfides projets. Degrâce, n'allez pas nous dire encore en ce dernier moment, que c'est la volonté du Roi qui domine ; certes, vous ne pouvez nier que le titre du *duc Mathieu,* ne fût le cachet du sentiment personnel du Roi, dont la grâce et l'esprit savent toujours ajouter aux faveurs qu'il accorde. Le Roi approuvoit donc la conduite de M. de Montmorency au congrès, et partageoit les opinions de cet honorable ministre. Ce fait ne peut être contesté, et sans les intrigues de l'Angleterre, il est évident que vos opinions, aussi pures dans leur source, mais qui annoncent plus de timidité que de prudence, plus de myopisme que de discernement, ne l'auroient pas emporté dans le conseil, sur celles de M. de Montmorency.

M. de Chateaubriand vient de reparoitre dans le conseil, et succède à M. de Montmorency. Me direz vous encore que sa nomination est l'effet du choix de sa majesté? Et si vous le disiez, qui vous croiroit en France?

Je viens de vous prouver que, quelque ministère que vous vouliez choisir pour prétendre faire reconnoitre la volonté personelle du Roi dans la nomination de ses ministres, la vérité n'y peut voir qu'un enchainement de circonstances funestes qui forcèrent le Roi à recevoir les trois premiers; et quant aux deux autres, que peut on voir dans leur choix, si ce n'est un infortuné enfoncé dans un bourbier, et tendant les bras au premier venu qui se présente pour l'en tirer. Pour nous, nous regardons cette dernière nomination comme un nouveau malheur, peut-être comme la plus grande des calamités,* puisque les fausses opinions d'un homme esti-

---

* Au moment où nous apprîmes la nomination de M. de Villèle, dont la vacillation, en diverses occasions précédentes, n'avoit pas annoncé une fermeté de principes qui ne pût se prêter à certaines circonstances, nous nous exprimâmes dans les termes suivans, en parlant des erreurs pernicieuses que nous avons tout de fois dénoncées comme les plus dangereuses pour le parti royaliste, et les plus funestes à l'honneur des Bourbons, au salut de la France.

" Profitant de l'excès de douleur, de tristesse,
Où le vrai royaliste est aujourd'hui plongé,

mable n'en deviennent que plus dangereuses, et peuvent arrêter l'élan qui alloit renaitre, et qui seul peut empê-

---

Votre phare trompeur, votre perfide adresse
Vont perdre dans les flots le vaisseau naufragé.
Insensé qui conçoit une folle allégresse,
Que ta joie est trompeuse, et ton erreur traitresse !
Tu cherches le repos, peu t'importe à quel prix,
Et te livres encore au fatal cours du styx.
C'est ainsi qu'un roseau vient apporter la joie
Au fou qui le saisit et qui bientot se noie.
Vous voyez aisément helas ! mes chers lecteurs,
Que je viens à l'instant d'apprendre la nouvelle
Du triomphe obtenu par les profanateurs
Du nom de royaliste, et par la clientèle
De tous les intrigans, plus ennemis cent fois
Et du repos du peuple et du bonheur des rois,
Que ne le fut jamais le jacobin lui même ;
Car rien ne peut durer, qui va jusqu'à l'extrême,
Et de l'excès du mal peut provenir le bien :
Tandis qu'en ce moment, tout parti mitoyen
Doit immanquablement pencher par trop vers Sparte ;
Et celui qui pour guide en main prend cette carte,
Est un vrai traitre au trône, à la patrie, au Roi,
Un traitre envers l'honneur, un traitre envers la foi.
Il n'est pas de milieu."

Certes, je n'entendois pas plus personnifier en ce passage M. de Villéle, que je n'ai, en le citant, l'intention, de le diriger contre M. de Chateaubriand. Je ne l'applique qu'aux erreurs de ceux que l'ambition séduit et que l'amour propre entraine: Tant pis pour quiconque s'attachera le grelot. Je reconnois tout le mérite de M. le Vicomte de Chateaubriand, et j'en ai donné la preuve sans réplique dans la lettre que j'ai adressée à l'un des ministres actuels le 12 Janvier, 1822, en le priant de la communiquer à ses collégues, lettre qui fut imprimée à la suite de ce poême prosaïque, intitulé "Le Phare trompeur" auquel la perspicacité ministérielle a jugé à propos d'accorder les honneurs dela déportation. Je vais en donner ici un extrait :

"Ne négligez, je vous en supplie, aucune occasion de montrer des dispositions favorables au militaire, et si l'on n'a pas encore nommé à l'ambassade de Londres, de grâce, envoyez y un des Maréchaux de France. Il seroit plus

cher le Roi et la France de s'ensévelir dans le goufre affreux sur les bords duquel la politique étrangère les a placés, et dans lequel elle vient de redoubler ses efforts pour les précipiter. Car, en politique, le moment est tout: le génie sait le faire naitre; le ministre habile sait en profiter; l'homme ordinaire ne peut les discerner, et les laisse échapper.

O chef des Bourbons! ô mon trop malheureux maitre! Si mes accens parviennent jusqu'à vos oreilles, quelques préventions que la perfidie des êtres que je vous ai dénoncés ait pu vous inspirer contre les efforts de celui qui ose en appeler à votre propre conscience pour la pureté de ses intentions, et à votre extrême indulgence

---

politique de laisser M. de Chateaubriand sous la remise," (certes, c'est ainsi que doit penser tout franc et loyal royaliste) " ou de le nommer Président de l'académie, grand-maitre de l'université, ministre des cultes ou de l'instruction publique."

Pouvons nous mieux prouver notre impartialite? M. de Chateaubriand, d'après cette citation, ne peut donc attribuer l'expression de *calamité* qui nous a été arrachée par sa nomination au ministère, qu'à notre discernement sur le danger de ses opinions, et la fausseté de ses principes, ils partent d'une source pure en soi, nous le croyons, mais l'estime personnelle qu'il mérite, n'en rend son influence que plus dangereuse, et il est plus que jamais urgent de fortifier le pur royaliste contre les nouveaux pièges qu'on paroit tendre en ce moment à la loyauté et de faire tous ses efforts pour ouvrir les yeux de ceux qui auroient pu se laisser éblouir par les météores trompeurs répandus dans " Le Conservateur," et autres écrits semblables.

Un ministére franc, ferme, modéré, soutenu par une chambre dont il recevroit sa force, ne voulant que le bien, et ne proclamant que la verité, ne peut rencontrer aucun obstacle réel, ni même une opposition considérable : c'est le seul pivot sur lequel la France puisse rouler pour se régénerer.

pour les écarts, peut-être inexcusables aux yeux de tout autre prince que vous, dans lesquels l'excès de son zèle a pu l'entrainer, daignez les écouter ces derniers accens de la plus pure fidélité. Vous vous trouvez sur le bord du cratère d'un nouveau volcan; la chaine des événemens passés rend plus critique encore la crise qui se prépare; ouvrez enfin les yeux sur les conseils qui vous ont égaré; n'écoutez plus désormais que vous même, et le trône et la France seront sauvés. Livrez vous sans réserve à la nouvelle assemblée qui va se réunir; avouez avec candeur les erreurs dans lesquelles vous êtes tombé; épanchez vos douleurs dans son sein; peignez lui vos souffrances inouies; appelez en à tous les bons François, et, je vous en réponds sur ma tête, il n'en est pas un qui reste sourd au langage du cœur de son roi. Tous les partis se confondront dans l'élan général, et l'univers apprendra que *tous les François sont ultra pour sauver la patrie, pour défendre le trône, et pour servir le Roi.*

Cet avis que trace ma plume à huit cent milles de votre Majesté, part de la même source d'où émanèrent tous mes efforts auprès d'elle.

DE L'IMPRIMERIE DU MARQUIS DE CHABANNES.

GÉMISSEMENS

D'UN SERVITEUR DE

L'AUTEL ET DES TRÔNES

SUR LA

CIRCULAIRE

DATÉE DE VERONE, LE 14 DECEMBRE, 1822,

SUIVIS DE NOUVELLES PREUVES DE L'ÉTAT ACTUEL

DE LA

POLITIQUE DE L'ANGLETERRE,

À L'ÉGARD DES AUTRES

GOUVERNEMENS ÉTABLIS EN EUROPE.

LONDRES:

DE L'IMPRIMERIE DU MARQUIS DE CHABANNES

1823.

RÉFLEXIONS POLITIQUES.

Berwick sur le Tweed, le 17 *Janvier*, 1823.

QUI laissa le passé disparoitre sans fruit,
De l'avenir en vain se flatteroit d'attendre
Un destin différent du sort qui le poursuit.
Chaque jour le verra de plus en plus descendre
Dans l'abyme profond où l'ont précipité
Et son aveuglement et son impiété.

Telle fut la prédiction que nous arracha la conviction des conséquences affreuses que devoient entrainer les fautes sur lesquelles nous n'avons cessé d'appeler l'attention publique, et chaque jour ne l'a que trop vue se vérifier. (Voyez nos Réflexions Historiques, Morales et Politiques, page 283.) Telle est encore hélas! la prédiction que la funeste circulaire que nous avons sous les yeux, ne nous autorise que trop à renouveler aujourd'hui. A la lecture d'une piéce semblable, adressée aux agens diplomatiques des mêmes cours, lors de la dissolution du Congrès de Laybach, en Mai, 1821, nous nous etions déja exprimés dans les termes suivans.

"Dans l'enthousiasme que nous inspira la lecture du discours d'Alexandre à la Diéte de Pologne, nous nous étions exprimés ainsi qu'il suit, (pag. 358.)

" Oui, la Sainte Alliance fut une inspiration divine

Par elle va se répandre une lumière celeste sur tout le genre humain. Mais" avions nous ajouté, " quoique tout ce qui arrive dans l'univers soit soumis à la volonté suprême de Dieu, et que le passé, le présent et l'avenir lui soient également connus, néanmoins, par une organisation incompréhensible à la foiblesse humaine, Dieu n'en voulut pas moins laisser homme libre arbitre de ses actions et de sa future destinée. Dans sa bonté infinie, il lui indique le chemin qu'il doit suivre, mais il le laisse le maître d'en prendre un autre. Il l'avertit au bord du précipice, lui en montre la profondeur, mais sans lui ôter la liberté de s'y précipiter."

"Hélas ! c'en est fait aujourd'hui du destin de l'Europe ! Le congrès de Laybach vient de prononcer son arrêt. C'est donc en vain que la Providence divine inspira cette dénomination de Sainte Alliance à l'union des puissans Monarques qui la composent, afin d'imprimer encore plus fortement dans leur esprit l'étendue des devoirs qu'elle leur imposoit ! C'est donc en vain qu'elle leur montra, dans l'exemple des révoltes de Madrid, de Lisbonne, de Naples, de Turin, la profondeur du précipice que leur aveuglement avoit laissé creuser sous tous les trônes ! C'est donc en vain qu'elle leur présenta, par le tableau des humiliations et de la dégradation de la famille des Bourbons, en France, en Espagne et à Naples le sort dont toutes les têtes couronnées étoient menacées ! C'est donc encore en vain que, dans la disparition à Naples et à Turin de ce fantôme que la perfidie ne cesse de leur présenter mais que la pusillanimité et l'imbécillité réunies peuvent seules croire redoutable, elle leur indiqua la marche qu'ils devoient suivre en tous lieux et le chemin qui *pouvoit seul* les conduire au salut des peuples et des Rois! Hélas! tout fut inutile! Les chatimens si sévères et si récens qu'attirérent sur eux les fautes qu'ils commirent en 1814, en 1815, en 1818, ne produisirent aucun fruit! En 1821, les mêmes erreurs les égarent, le même aveuglement les poursuit! Placés sur le bord du précipice, ils ont eu le loisir d'en contempler la profondeur, et ce sont eux mêmes qui fermant les yeux à la lumière celeste, s'y précipitent aujourd'hui! ô augustes Souverains dont les intentions pures viennent d'être déjouées avec tant de perfidie, vos yeux ne se dessilleront ils donc qu'à la lueur de la torche révolutionnaire? vos oreilles ne s'ouvriront elles qu'aux cris de vos propres assassins? Dieu sembloit vous avoir destinés à devenir les Restaurateurs de la religion, les Bienfaiteurs de l'humanité, et c'est vous, ô Alexandre, ô François, ô Guillaume, c'est vous qui avez pu vous arrêter dans un tel chemin! déjà le nom de Sainte Alliance a disparu du protocole des décisions émanées de vos conseils, comme si vous ne vous sentiez plus vous mêmes dignes d'un si beau titre! Trompés par des ambitieux, trahis par des perfides, toujours exposés à la séduction des flatteurs qui entourent les trônes, vous êtes bien à plaindre sans doute, mais en ce jour de douleur, le serviteur fidéle à Dieu, à son Roi, à l'honneur, est encore plus à plaindre que vous."

Que pouvons nous dire de plus aujourd'hui, sinon nous écrier en gémissant : la blessure étoit déja trop profonde ; le coup mortel vient d'être porté ; la plus noire perfidie triomphe ; tout prestige a pour jamais disparu. Ce n'est plus ce titre majestueux et imposant qui donnoit à la réunion des plus grands Rois de la terre un caractère supérieur à leur propre pouvoir, en les présentant aux peuples comme les instrumens de la volonté divine, annonçant à l'homme de bien la protection du ciel ; aux méchans et aux impies l'ange exterminateur devançant leurs armées pour terrasser l'hydre révolutionnaire en quelque lieu de la chrétienté qu'il osât relever une de ses têtes sanglantes ; et présageant tous les bienfaits que leur père céleste alloit répandre sur le genre humain. Hélas ! Déja, dès aujourd'hui, les leçons si récentes de l'expérience se sont évanouies sans aucun fruit pour l'homme aveugle qui, placé sur le bord d'un précipice dont il a eu tout le loisir de contempler la profondeur persévère dans son aveuglement, et finit par s'y précipiter, c'est cette funeste philosophie moderne ; l'ennemi le plus pernicieux de l'autel et du trône, qui continue à égarer les Conseils des Rois et qui les porte en ce moment à confondre les nobles efforts d'un peuple chrétien cherchant à secouer le joug tyrannique du féroce et sanguinaire Musulman, à soustraire les autels de la foi aux profanations de l'infidèle, enfin à recouvrer ses droits légitimes sur un sol à jamais consacré par l'admiration et la reconnoissance des hommes ; c'est disons nous, cette philosophie mensongère qui porte les

Conseils des Rois à confondre le sublime élan de la nation Grecque pour la cause de laquelle la religion, la justice et l'honneur réclament également la protection de tous les Rois, l'intérêt de toutes les nations de l'Europe, les vœux de tous les peuples chrétiens, avec les crimes commis par un ramas de vils brigands révoltés dans l'espoir de piller l'autel, de renverser le trône, et de s'emparer des rênes du gouvernement, se trouvant encouragés et enhardis en ce moment, n'en doutons pas, et par la protection ouverte que leur accorde l'affreuse politique du Gouvernement Anglois, et peut-être aussi par l'exemple trop funeste que les mêmes Conseils des Rois ont donné en 1814, en 1815, en 1818, en 1821 et en 1823, exemple dû à l'oubli de tous les principes et au manque total de discernement.

Le profond respect que nous portons aux Augustes Monarques au nom desquels cette nouvelle production, influencée de longue main par l'astuce insulaire, et certes surprise à la religion des Rois, vient d'être promulguée nous empêche de la disséquer de manière à faire ressortir tous les faux erremens dont elle est remplie ; mais il excite en même temps en nous une douleur si vive en voyant tant d'artifice, d'hypocrisie et de perfidie triompher, et nous enflamme d'une telle ardeur, que nous sommes résolus de suivre avec plus d'exactitude que jamais les trames de la politique la plus infernale jusques dans ses détours les plus mystérieux, et à en dévoiler tous les secrets.

Cette détermination offre tout à coup à ma pensée une idée bien pénible, je vais exposer ma liberté, c'est peu de chose ; mais on pourroit, en confondant la nation pour le bonheur de laquelle je ne cesserai jamais de faire les vœux les plus sincères et les plus ardens, avec le ministère contre les erreurs ou la perversité duquel je m'éléve autant que je le puis, avoir la noirceur de m'accuser de violer le respect dû au toît hospitalier, prendre le change sur mes sentimens, ou me taxer d'écouter des ressentimens personnels. Cette seule idée auroit peut-être retenu en moi toute autre émotion, si mes écrits publiés en Angleterre n'étoient une garantie suffisante contre une telle inculpation. * Ils relévent tout à coup mon courage ébranlé, puis qu'ils sont là pour rendre témoignage à mon profond respect, à mon entier dévouement, j'oserai dire à mon pur attachement pour la personne du Roi d'Angleterre, qui n'a pu mésinterpréter certaines démarches qui ont pu lui paroitre indiscrètes, mais qui n'avoient pu avoir pris leur source que dans les souffrances extrêmes que j'éprouvois pour lui: ils sont là pour prouver les vœux constans que je n'ai jamais cessé de faire pour le bonheur du peuple Anglois. Ils sont là enfin pour démontrer mon impartialité à l'égard de ce même ministère auquel j'ai souvent rendu de justes tributs d'éloges, sans déguiser certains traits de son administration dont il ne peut certes cacher à ses propres yeux l'excès de monstruosité, et sans dissimuler un seul instant l'opinion que j'avois conçue de la perfidie de sa politique.

---

* Je prends la liberté de renvoyer ici mes lecteurs á deux notes qu'il trouvera pag : 459 et 462 de mes réflexions Historiques, Morales et Politiques, ne voulant pas interrompre cette discussion par des faits qui me sont personnels.

" Soit que l'imprévoyance seule égare le ministére Anglois, comme nous le présumons," disions nous pag. 468 de nos Réflexions Historiques, Morales et Politiques; " Soit que la foiblesse et la médiocrité le livrent à l'impulsion du moment, ainsi que nous l'avons entendu dire souvent à des personnes dont nous respectons l'opinion; soit enfin qu'un calcul aussi profond qu'il seroit criminel ait été la base de ses actions, ainsi que certaines apparences pourroient le faire croire à quiconque ne rendroit pas justice aux vertus individuelles des membres du Conseil Britannique, il est de fait que toutes ses mesures, depuis sept ans, semblent tendre *à se séparer des intérêts de l'Europe*, et à vouloir *tout sacrifier aux siens.*"

C'est ce que la récapitulation des faits va me mettre à portée de démontrer sans laisser l'ombre d'un doute; et ces diverses citations devant désormais me servir de garantie contre toute inculpation qui pourroit m'être faite soit d'oublier les devoirs que m'impose l'hospitalité que je reçois en Angleterre, soit d'être mu par quelque animosité personnelle contre le ministére Anglois; qu'il m'accuse aujourd'hui, s'il l'ose; qu'il me poursuive comme calomniateur, s'il le juge à propos; qu'à défaut de preuves légales suffisantes qu'il seroit peut être difficile de réunir sur un tel sujet de la manière que pourroit l'exiger la stricte rigidité des loix, il me fasse infliger le chatiment le plus rigoureux; peu m'importe dorènavant, je me dévoue avec joie au martire pour une si belle cause, et ma plume n'en restera pas moins libre dans les fers dont un abus de pouvoir auroit pu me charger. Entrons donc en matiére sans tarder davantage.

Nous commencerons par affirmer qu'à la fin de 1813, et au commencement de 1814, le ministère Anglois n'eut d'autre plan, ni d'autre occupation, que de prévenir la paix des Puissances du Continent avec Buonaparte, et comme, dans le poème dont nous avons dejà donné plusieurs extraits, nous avons peint dans les termes les plus concis les événemens politiques d'alors, nous allons, par un nouvel extrait, les remettre sous les yeux de nos lecteurs.

Nous venions de faire la description d'un appartement au centre duquel se trouvoit un bureau entourè de différens personnages au mérite desquels nous n'avions pas négligé de rendre la justice qui étoit due, et nous continuions ce véridique tableau par les vers suivans:

" En face dominoit un certain ancien prêtre,
Calculateur profond, et grand aéromètre
Qui, sans être sorcier, le parut très souvent,
Ayant su deviner toujours d'où vient le vent.
On peut bien se douter qu'en telle circonstance,
Un talent de ce genre ent très grande influence:
Aussi fut il soudain l'oracle de ces lieux.
Nécessité toujours a créé les faux dieux.
Vous jugez aisément qu'en cette confrérie
Craintes plus que remords causoient l'intempérie,
Et que l'instant fatal arrivant à grands pas,
Mettoit en harmonie un grand nombre d'hélas!"

Nous aurions pu, sans blesser aucune loi, laisser subsister les 29 vers que nous supprimons, mais nous ne voulons pas laisser un prétexte à la perspicacité ministérielle, pour rejeter de nouveau nos écrits; nous nous affublons donc pour un instant de la sale et dégoutante couverture dont se revêtent les circonspects, qui, ainsi que les illustres *ventrus*, se trouvent certainement réunis en ce moment au corps d'armée de Mr. le président du Conseil, composé des dupes du coté droit, qui, par parenthése, n'ont cessé, jusqù à ce jour, de donner à gauche et de ce nombre d'aveugles incurables qui peuvent avoir des yeux, mais qui paroissent destinés à ne voir jamais la lumière. L'oracle qui avoit pris la parole, dans cette lacune que nous laissons, continuoit ainsi.

Vous ne devez donc pas être sans espérances.
Il est très évident, à leurs propres avances,
Qu'ils nous craignent encor lorsqu'ils nous ont vaincus,
Et qu'ou de leur pouvoir ils sont peu convaincus.
Ou que, sans énergie ainsi que sans ensemble,
Ils n'ont le sentiment du but qui les rassemble ;
En un mot qu'ils sont tous sans accord et sans plan :
Dès-lors ne craignez plus le Cosaque et l'Houlan.
Après avoir chez eux porté la propagande,
Envoyé l'espion, répandu mainte offrande,
Je sais, plus qu'aucun autre, où je dois m'adresser ;
Quel artifice enfin il me faut exercer
Pour séduire, entrainer, et tromper Alexandre.
Je connois en un mot les appâts à répandre
Pour les attirer tous en mes adroits filets.
Fiez-vous donc à moi ; sous peu, je vous le jure,
Vous serez près du trône, ...
....
Ecoutez donc mon plan, secondez mon projet."
Qu'ön juge, à ce discours, de l'excès de délire

Qui s'empara soudain des Barons de l'empire,
Dont, un moment plus tôt, tous les voeux les plus doux
S'élevoient tout au plus à se trouver absous.
Le danger qui s'éloigne endort la conscience :
Aussi put-on juger à son morne silence,
L'espoir que savouroit, dans ce brillant retour,
Le vampire expirant prêt à renaître a jour.
Bénévent dit alors : " C'est une jouissance
Bien douce pour mon cœur, que d'oser me flatter
Que je puis désormais entiérement compter
Sur votre dévouement, et qu'en cette séance,
Vous vous empresserez, secondant mon effort,
D'arrêter un décret d'où dépend notre sort.
Je ne parlerai point de l'excés de folie
Qui, dans Leipzic, dans Dresde, et dans la Westphalie,
Porta Napoléon à refuser la paix,
Dont les vainqueurs offroient de faire tous les frais :
La frénésie en lui fut portée à l'extrême,
Au point qu'il refusa, jusqu'à Chatillon même,
Des propositions qui servent à mes yeux
De flambeaux et de guide en ce pas épineux.
Les Rois ne songent point à la cause des trônes,
Ou certe ils auroient fait de bien différens prônes.
Ils ne pensent pas plus à celle des Bourbons,
Auxquels, à chaque pas, ils ont fait mille affronts.
Alexandre ne voit que la gloire des armes,
Qui le porte souvent à trop céder aux charmes
Que présente à ses yeux la magnanimité :
François de son bon cœur écoute les alarmes,
Et quelque fois ému par la paternité,

Cause aux Coalisés beaucoup d'anxiété.
Guillaume paroîtroit en ses desseins plus ferme ;
Mais, secondaire ici, trop souvent il renferme
Son avis et ses vœux. Il reste donc l'Anglois,
Dont l'influence est grande, et la vue est petite,
Occupé du présent, aveugle sur la suite,
Dont le but, avant tout, fut d'empêcher la paix,
Non par quelqu'interêt pour la cause Royale,
Et certe encor bien moins par une ardeur morale ;
Mais pour anéantir Buonaparte et ses plans,
Qui s'étendoient sur l'Inde, et sur les Océans.
Au reste, en ce moment, Napoléon lui-même
Les a bien mieux servis que tout leur beau systême.
Par une fausse marche en découvrant Paris,
Il mit la Capitale aux mains des ennemis.
Mais sans perdre de temps en discours inutile
A ce qui nous concerne arrivons promptement.
Ils entrèrent hier au sein de notre ville,
Et, de fait, sans savoir ni pourquoi, ni comment.
Vous voilà donc au fait ; ces dernières paroles
Vous font connoîtrè assez, sans fard, sans hyperboles,
Le véritable état dans lequel aujourd'hui
Se trouvent les vainqueurs, nous-mêmes, et celui
Dont le Ciel en courroux a prononcé la perte.
Plus adroit que vous tous, je vous donne l'alerte :
Quand le vent est propice, on doit appareiller ;
Et quand la vertu dort, le crime peut veiller.
Réveillons-nous donc tous, et relevons la crête ;
Au lieu de nous cacher, prenons part à la fête.
Nous rechercheroit-on ? Paroissons dédaigneux.

Voudroit-on nous flatter? Montrons-nous orgueilleux.
Qui traite avec le crime, en devient le complice;
Et quiconque nous craint n'affiche pas malice.
Puis donc qu'on ferme l'œil sur notre impureté,
Etonnons l'univers par notre audacité.
Quand hier se passa pour vous sans voir Bicêtres,
Sénateurs, aujourd'hui sachez parler en maîtres.
C'est à vous qu'appartient de vous choisir un Roi;
Et si l'on demandoit qui vous l'a dit: c'est moi."

Ce récit abrégé donne à la lettre la clef de tout ce qui s'est passé alors, et ce ne fut véritablement que le jour de son entrée dans Paris, et qu'à la vue dn drapeau des lys et de l'enthousiasme des François, qu'Alexandre, ému autant que surpris, s'empressant de céder à la voix de la France, proclame le retour des Bourbons.* Depuis ce moment, jusqu'à celui du départ

* Nous eviterons de parler ici des erreurs et des horreurs des diverses administrations qui se sont succédé et ont disparu, afin d'oter à la perspicacité ministérielle jusqu'au moindre prétexte d'empêcher la circulation de cet écrit. Tout esprit de parti doit disparoitre aujourd'hui devant l'ennemi commun, il faut sauver la patrie de sa chute prochaine, que nos divisions ne peuvent qu'accélérer en ouvrant la porte aux intrigues étrangères; cherchons à ramener des frères égarés; ouvrons egalement les bras à un parti plus égaré encore, l'indulgence accélérera le repentir. Donnons de l'énergie au ministére; prenons toutes les mesures que la prudence indique et que la nécessité commande, et ne laissons désormais retentir dans toute assemblée que le langage de la candeur de la franchaise, et de l'honneur; déslors tous les François l'entendront et s'empresseront d'y répondre.

des Rois Vainqueurs, la magnanimité la plus pure manifesta l'élévation de leurs pensées et la pureté de leurs sentimens. La politique Angloise s'endormit alors du sommeil le plus profond pendant cette époque mémorable qui a tracé en caractères ineffaçables dans les annales de l'histoire la sublimité d'âme de ces trois augustes Souverains. Mais quant aux grandes vues de leurs Conseils, si nous avons dit avec vérité :—

" Ils entrèrent hier au sein de notre ville,
Et, de fait, sans savoir ni pourquoi ni comment."

nous pouvons ajouter avec non moins d'exactitude :—

" Ils partirent enfin, comme ils étoient venus ;
Sans regarder plus loin, sans être plus Argus."

Mais bientot le Monopole épouvanté sonna l'alarme à Londres pour réveiller son diplomate endormi et lui ouvrir les yeux. L'etat de puissance où il avoit laissé Louis XVIII., et la prospérité future où pouvoit s'élever la France, vinrent aussitot se présenter à ses yeux comme un spectre cent fois plus effrayant que le nouvel établissement de commerce qui venoit de se former sous la protection du Roi de Prusse, la compagnie du Rhin pour les Indes Occidentales ; établissement qui " s'il ne rencontre ni opposition, ni obstacle efficace, peut suffire pour produire un jour une de ces grandes révolutions de commerce qui ont fait tour à tour de Tyr et de Sidon, des villes de palais au milieu d'un monde tributaire, ou des amas de ruines dans le desert."

Qu'on juge par cette citation, tirée d'un journal ministériel Anglois, de l'effroi qu'a produit la naissance de ce frêle établissement du commerce Prussien, encore dans son berceau ; de la terreur qui s'empara soudain du monopoliste universel, dont l'insatiabilité mercantile crut voir tout à coup quelques batimens François, privés de tout commerce avec leurs colonies jadis si florissantes, grâce à l'accapareur de celui du sucre, et ne pouvant plus se charger que des produits du sol de la France, se transformer en flottes nombreuses que ce nouveau Tyrien ou Sidonien crut voir partir à la fois de Marseilles, de Bordeaux, de Nantes, du Havre, &c. couvrant toutes les mers, remplissant tous les ports du continent Européen, de l'Amerique et des Indes, lui arrachant des mains le trident qui est le sceptre du commerce, et faisant enfin *de ses villes de palais au milieu d'un monde tributaire, un amas de ruines dans le desert.*

Mais que les expressions figurées ne détournent pas l'attention de nos lecteurs de l'exacte vérité des sentimens qui dominent en Angleterre, et qui réglent toutes les démarches de son gouvernement relativement aux autres Puissances de l'univers. Je pourrois fournir mille et mille preuves qu'ils président à toutes les pensées du politique Anglois, et qu'il n'est point de religion qu'il considère, point d'alliance qui l'arrête, point de liens humains qu'il ne foule aux pieds, quand il y va de son intérêt.

La jalousie ainsi éveillée appela aussitot la discorde à son secours, et le ministère François, présidé alors par la présomption et l'imprévoyance, et composé de révolutionnaires de toutes couleurs, n'ouvrit que trop de portes aux intrigues étrangères, et ne seconda que trop leurs vues. *Buonaparte étoit alors à l'ile d'Elbe.* En facilitant ses menées et son retour en France, on pouvoit espérer des divisions, des troubles, une guerre civile. Je n'accuse pas le ministère Anglois d'en avoir conçu le plan, mais ces réflexions ont du se presenter à lui, et toutes les probabilités autorisent à dire qu'il ne dut pas plus ignorer que le ministére de la police de France, les communications continuelles qui s'établirent entre l'île d'Elbe et Paris, avec autant de facilité, pour ainsi dire, qu'entre Versailles et la capitale, et les préparatifs qui se firent ouvertement pour le débarquement du Corse sur les côtes de France. J'ajouterai que l'absence de l'agent Anglois et de tout croiseur de cette nation, dans ce moment critique, fut une circonstance du moins bien malheureuse, puis qu'elle peut donner lieu à des soupçons que nous aimons à croire injustes. Les Gouvernemens intéressés furent à portée alors, et le sont même encore aujourd'hui de soulever le voile qui couvrit ce dédale d'iniquités. Quant à moi, il me suffit de rappeler ce premier fait, auquel se rattachent bien des circonstances qui ne laissent pas le ministére Anglois sans reproches. Mais, comme je l'ai dit dans mes Réflexions Historiques, Morales et Politiques, quelles qu'aient pu être les vues et les espérances de qui que ce fût, les resultats surpassèrent bientot l'attente qu'on s'en étoit formée.

Il est bien vrai que le journée de Waterloo sauva l'Europe d'un nouvel embrasement, mais quiconque a vu le terrein, et a eu un rapport exact des mouvemens des deux armées, ne pourra s'empêcher de reconnoitre que c'est à l'aveuglement de Buonaparte seul, et à l'entêtement qu'il a mis à persister à attaquer de front deux points qu'il lui auroit été facile de tourner, que le duc de Wellington dut le salut de son armée, comme ce fut ensuite à la méprise que fit le chef des François lors de l'arrivée du corps du Général Sackens qu'il fut redevable de sa victoire.

Suivons le maintenant sur les hauteurs de Montmartre, où la politique Angloise le suivit aussi. Nous avons mainte et mainte fois rapporté les faits historiques, et nous prenons la liberté d'y renvoyer nos lecteurs, car tout détail nous entraineroit trop loin, et nous écarteroit de notre sujet. Nous nous bornerons à rapporter ici deux faits que nous pouvons affirmer, que nous avons déjà cités, et qui ne peuvent être contestés. Le premier est l'ouverture qui nous fut faite à Londres le 8 Avril 1814, pour nous engager, à exercer l'influence qu'on nous supposoit auprès du Roi, soit directement, soit par nos parens et nos amis, pour engager sa Majesté à prolonger son séjour à Hartwell et à laisser M. de Talleyraud *agir à Paris*, sous son Altesse Royale MONSIEUR, ouverture dont nous eûmes l'honneur de faire part au Roi aussitot, en l'engageant à partir sans délai pour Bordeaux, et en lui annonçant les piéges qui alloient lui etre tendus, et les fers dont il finiroit immanquablement par être chargé. Cette démarche du Gouvernement Anglois prouve donc sans réplique que M. de Talleyrand étoit à cette époque l'homme en qui il plaçoit toute sa confiance, et aux mesures duquel il ne fut sans doute pas étranger. Le second est la découverte que nous fîmes à Londres du plan qui avoit été arrêté d'occuper les places fortes de nos frontières et dont nous transmîmes aussitôt l'avis au Roi, qui le reçut à Cambrai. Nous sommes donc autorisés à penser qu'il prit sa source dans le cabinet de St. James. Le Roi ayant rejeté à Gand les Conseils de Mr. de Talleyrand, toutes les probabilités portent à croire également que le timon des affaires ne fut remis entre les mains de ce ministre à Cambrai que par l'influence de l'Angleterre. Mais ce dont il ne peut rester le moindre doute aux yeux de qui que ce soit, c'est que l'admission de Fouché dans le Conseil fut en quelque sorte imposeé à ce malheureux prince par des avis auxquels nous pourrions dire qu'il étoit forcé de se soumettre dans les circonstances où il se trouvoit.

On peut assigner deux motifs à cette monstruosité, Le premier l'amour propre flatté de replacer Louis XVIII. sur son trône avant l'arrivée des souverains alliés ; le second, le desir de se réserver l'armée de la Loire, pour se préparer les moyens de dévaster la France sous prétexte de poursuivre ensuite cette armée. Nous pouvons encore affirmer ici, quoiqu'il ne nous soit pas permis d'en rapporter la preuve, que nous avons appris, par des voies sures, que, dans le Conseil des souverains qui fut tenu à Paris peu de jours après, il fut proposé par l'Angleterre de poursuivre l'armée de la Loire jusqu'à ce qu'elle fût anéantie ; que la Prusse, cédant à un esprit de vengeance, seconda cet avis, et dirigea d'avance ses troupes vers la Normandie et la Bretagne; qu'on proposa en même temps à l'Autriche de prendre ses ébats dans la Franche-Comté et la Bourgogne, &c.; que les provinces de l'est devoient seules être mises en réserve pour être ensuite occupées par les troupes alliées, ainsi que toutes les places frontières, suivant le plan dont nous avons déjà parlé; enfin que si ces propositions, suggérées par l'Angleterre, ne furent pas adoptées ce fut uniquement à l'empereur Alexandre que la France en fut redevable. J'en appelle à ces Augustes Souverains eux mêmes pour la vérité, pour l'authenticité de ces faits. Ce fut encore grâce à l'intervention d'Alexandre, que fut écarté le projet de démembrer plusieurs provinces de la France. En un mot le Gouvernement François auroit éte et seroit encore bien ingrat, s'il avoit pu, s'il pouvoit jamais oublier ce que la France dut alors à son plus précieux allié, à son plus sincère ami.

Cependant, depuis cette époque jusqu'au moment actuel, Paris ne fut plus que le théatre des intrigues de l'Angleterre pour prévenir l'influence qu'elle craignoit que la Russie n'exerçât sur le cabinet des Tuileries, et des efforts de la Russie pour détruire celle que l'Angleterre parvint à y acquérir, se trouvant appuyée et soutenue d'abord par M. de Talleyrand, et ensuite par l'artificieux et perfide ambassadeur qui dirigeoit toutes les opérations du ministére, sous l'aveuglement indéfinissable et la profonde nullité de M. le Duc de

Richelieu ; influence qu'elle n'y conserve encore que trop en ce moment critique.*

Mais le moment n'est pas encore venu de présenter dans tout son jour l'aspect de cette politique. Suivons d'abord notre récit. Si nous nous reportons à l'instant où les souverains partirent de Paris en Octobre, 1815, nous verrons l'Angleterre preférée aussitot sous le ministère de M. de Talleyrand ; et l'on ne peut attribuer à aucune autre cause les erreurs auxquelles la politique Russe se laissa entrainer en soutenant M. Cazes, qu'a l'indignation qu'Alexandre dut éprouver en voyant l'ingratitude du Gouvernement François, et à l'intérét très direct qu'avoit la Russie à détruire la prépondérance que l'Angleterre venoit d'acquérir sur le Cabinet des Tuileries. De là toutes les démarches ostensibles de la légation Russe en faveur des décrets

---

* Comment M. De Villèle a-t-il pu être la dupe des artîfices de l'Angleterre qui ne cherche qu'à replonger la France dans les horreurs d'une nouvelle révolution ? Peut-il ne pas voir que la marche des armées Françoises en Espagne est inévitable, et que, plus on a retardé, plus on retarde, plus on accrôit les difficultés, plus on seconde les vues de l'Angleterre en se préparant une plus grande résistance, plus le Gouvernement du Roi s'entoure de dangers pour l'avenir. Mais nous reviendrons sur ce sujet ; n'interrompons donc pas plus long temps l'attention dont nos lecteurs ont besoin pour nous suivre dans les sentiers tortueux de la politique la plus infernale qui ait jamais existé.

proposés par M. Cazes, dont Alexandre ni ses ministres ne purent connoitre les motifs secrets, ni juger les inconvéniens, ni prévoir les conséquences. De là enfin le renvoi de M. de Talleyrand, et la nomination de M. de Richelieu, qui fut un leurre présenté à l'empereur Alexandre, et qui ne fut au fond qu'un vrai mannequin que M. Cazes fit ensuite mouvoir à sa volonté.

Les années 1816 et 1817, s'écoulèrent dans ce dédale politique, et M. Cazes les employa à répandre à foison les germes les plus empoisonnés dans la vue de désunir, de diviser, d'exciter, d'animer, de tromper, d'égarer les trop malheureux François. Ces germes ont poussé des racines bien difficiles à extirper maintenant, et l'on ne peut y réussir qu'on les sapant avec l'arme supérieure de la candeur, de la franchise, de la vérité, de l'honneur ; arme qui, jusqu'à présent, n'est pas celle qu'ont employée Messieurs les admirateurs de *La Monarchie Suivant la Charte* dont les funestes erreurs ont contribué, en France et en d'autres lieux, à égarer les esprits plus que jamais. Et c'est pourtant le seul moyen de réunir et de rallier tous les François Mais retenons un mouvement si naturel, et ne nous écartons pas de notre sujet.

L'époque de la réunion des souverains alliés, fixée à Aix-la-Chapelle, approchoit, et l'horison politique s'étoit considérablement rembruni sur le continent pour les vues de l'Angleterre, depuis qu'ils avoient arboré la bannière de la Sainte Alliance. Il ne pouvoit plus être question d'aucun démembrement de nos provinces ; Alexandre s'étoit prononcé pour l'évacuation du territoire François par les troupes étrangères; et toutes les intrigues du ministère Britannique n'auroient put décider les Cours de Vienne et de Berlin à rompre les nœuds qu'elles venoient de resserrer avec celle de Pétersbourg. D'un autre coté, l'amour propre de ces Souverains, s'il eût existé, avoit dû être plus que satisfait d'avoir rendu à la France toutes les humiliations qu'ils en avoient reçues. Ils alloient de nouveau se réunir, et ils arrivoient avec des dispositions favorables et amicales pour la France. Enfin leur magnanimité, tant de fois manifestée, faisoit craindre au diplomate Anglois que tous ses efforts ne pussent prévenir la remise d'une partie des charges qu'on lui avoit imposées; qu'il étoit évident qu'elle ne pouvoit supporter, et qu'on ne pouvoit persister à maintenir sans risquer d'exciter des convulsions terribles.

Dans cette circonstance facheuse qui présentoit d'avance à la haine que le ministère Anglois avoit jurée au rétablissement de la prospérité de la France, un soulagement à ses profondes blessures, on vit sortir tout à coup du sein de Londres des propositions qui surpassent l'imagination. *Une seule maison de banque* propose de faire tous les fonds pour solder toute la dette imposée à la France, si le ministère François lui fournit des rentes, en équivalent, à un taux convenu. Nous n'avons aucune preuve que cette proposition émanât du ministère Anglois, mais nous avons su positivement que des communications eurent lieu entre ce ministère et M. Baring avant que ce capitaliste s'aventurât dans une spéculation aussi effrayante qu'elle eût été hazardeuse, s'il n'eût reçu préalablement quelque assurances tranquillisantes.

M. Baring part donc pour Paris ; traite avec l ministère François, et, chose incompréhensible qu'o ne peut attribuer qu'à une de ces contradictions d l'esprit humain qui passent toute croyance, le ministre, de son propre chef, sans autorisation de l'assemblée des députés, *sous un Gouvernement représentatif*, promet, contracte, fait créer et délivre les rentes qui lui sont demandées, et prend sur lui de charger la nation d'une dette si enorme, qu'à peine les députés des Etats-Généraux, s'ils eussent été convoqués pour un semblable objet, eussent osé y consentir. Personne jusqu'à présent, je crois, n'a ouvert les yeux sur une transaction si inconcevablement extraordinaire ; personne n'en a parlé ; pour n'avons pas de motifs pour en discuter l'irrégularité, mais nous ne pouvons nous empêcher d'en faire sentir l'importance, quand nous songeons à un si grand nombre de millions de rentes créées d'un seul trait de plume, et dont la nation se trouva chargée tout d'un coup et sans s'en douter. Nous contemplons l'augmentation d'embarras, la diminution de ressources qui en résulte pour l'avenir ; la nécessité de lever des impots considérables qui écrasent la population, qui élèvent le prix des denrées de consommation et par conséquent de la main d'œuvre, et qui influent essentiellement sur le taux des produits de nos manufactures. Enfin nous ajouterons que, si cette mesure fut inspirée par le Gouvernement Anglois, elle est plus perfide dans sa profondeur, que toute autre plus importante en apparence, ce dont nous avons donné, et ce dont nous continuerons à fournir des preuves. Mais s'il n'en fut pas l'inventeur, au moins que personne ne se méprenne sur les motifs des facilités qu'il s'empressa de prodiguer à une opération qui entrainoit pour la France d'aussi affreux résultats.

“ Mais que vouliez vous donc que fissent nos ministres ?” Diront peut-être des personnes qui n'auroient pas bien apprécié les circonstances òu la France se trouvoit alors. Ils auroient dû, leur répondrai-je d'abord, parler avec humilité, notre position commandoit ce langage; ensuite, exposer la misère du peuple, les embarras du Gouvernement, les souffrances du Roi; enfin exciter la générosité des souverains alliés, dont ils auroient obtenu par un tel langage, les plus importantes concessions. Car il ne faut pas oublier leur conduite en 1814, et, d'après cette preuve incontestable de l'excès de leur magnanimité, qui pourroit douter que le succès d'une telle négociation n'eût dépendu que d'émouvoir leur âme et de savoir mieux, les juger. Mais supposons qu'en ce moment, les intrigues Angloises eussent encore triomphé, et que les souverains eussent rejeté les suppliques respectueuses de nos négociateurs, quiconque est digne d'être né François, quiconque sait apprécier le caractère national, conviendra qu'au seul nom du salut de la patrie, à la voix de l'honneur, à l'appel du Roi, tous ses sujets en état de porter les armes fussent accourus, et eussent péri jusqu'au dernier, plutôt que de ne pas purger le sol de la France de la présence de ses ennemis. Nous espérons que le moment n'est pas éloigné où l'on saura à la fin parler au peuple François le seul langage qu'il puisse entendre, le saul qui puisse le sauver, et c'est alors que la France pourra dicter des loix, au lieu d'en recevoir. Nous réprimons encore ce nouvel élan jusqu'au moment où nous pourrons nous y livrer avec autant d'ardeur que de joie.

Les vues aussi noires que profondes du ministère Anglois s'accomplirent donc au congrès d'Aix-la-Chapelle, dans toute leur plénitude. Chacun s'en retourna chargé des dépouilles de la malheureuse France, mais toujours—

"Sans regarder plus loin, sans être plus Argus."

L'année 1819 vit, dès sa naissance, M. Cazes jeter le masque, porter l'audace jus qu'à se jouer complètement de sa Majesté l'empereur de Russie et de tous les ambassadeurs des cours alliées, *se rapprocher de l'Angleterre,* et accélérer, à grands pas l'explosion de la trahison qu'il préparoit ouvertement depuis trois ans. Les ennemis déclarés de la Royanté furent nommés députés, les régicides rentrèrent avec la permission de ce ministre fidèle, et les exilés furent rappelés, par lui. Toutes les places furent distribuées à ses affidés, et les agens de la police de France fourmillèrent en Espagne, en Portugal, en Italie, et l'on ne tarda par à en voir les effets. 1820 vit, dès son aurore, éclater la révolte de l'île de Léon, et elle fut rapidement suivie de celle de Portugal, de Naples et du Piémont. Enfin M. Cazes se croyoit à la veille de son triomphe, lorsque l'assassinat de S. A. R. le duc de Berry porta toute la famille du Roi à se jeter aux pieds de sa Majesté et à lui demander l'éloignement de ce ministre infidèle, dont ils accusoient au moins la négligence, vu la place qu'il occupoit; de ce nouvel Aman qui n'a jamais cessé, et qui ne cesse pas même encore en ce moment, de tromper le Roi, et de le trahir. Le cœur de Louis XVIII. ne put résister aux instances de la Duchesse de Berry et de tous les siens, et M. Cazes, ne pouvant parer cet orage, mais croyant apparemment avoir acquis quelques droits (à lui connus) sur le ministère Anglois, se fit nommer à l'ambassade d'Angleterre, où il se fit annoncer, asses ingénuement, dans les journaux Anglois, comme venant y *complèter son éducation constitutionnelle*, et devant reprendre peu après les rênes du Gouvernement François, et devenir le Chatham de la France; expression tant soit peu Libournoise, mais telles étoient son espérance et sa pensée.

Mes lecteurs voudront bien excuser pour cette fois cet écart apparent de mon sujet. Je dis *apparent*, parce que, dans le fait, il étoit à propos d'indiquer les motifs secrets que M. Cazes pouvoit avoir pour se flatter d'être bien reçu par le Cabinet de St. James. Aussi allous nous bientot lui voir ouvrir les deux battans des bureaux des affaires étrangères dans Downing-street.

Si la nouvelle des révoltes d'Espagne, de Portugal et de Naples fit peu de sensation en Angleterre, ou, pour parler sans déguisement, parut y être reçue avec une approbation peu dissimulée, par les personnes qui tenoient au Gouvernement et par le ministère l même ; il n'en fut pas de même des autres Puissanc du continent, car les souverains, d'un commun accor firent aussitot avancer leurs troupes en Italie, annoncèrent leur intention de réprimer pareilleme les révoltés d'Espagne et de Portugal.

Chaque Puissance entretient à grands frais à Londr des ambassadeurs qui sont sans doute très attentifs au démarches privées et publiques des membres du cab' net, et qui ont du rendre compte à leurs cours respective des circonstances qui ont accompagné cette fameuse funeste circulaire relative au Congrès de Troppa ainsi que des phrases échappées au Marquis d Londonderry et au Comte de Liverpool dans les deu. Chambres, et des aveux, intéressans pour des observa teurs attentifs, qui furent arrachés à ces deux ministres pendant les débats, par divers membres de l'opposition Dès lors les cours de Vienne, de Petersbourgh et de Berlin ont du être instruites de la source des obstacle que leur a opposés la puissance insulaire, et n'ont pa du se méprendre au langage double que les légations Angloises auroient pu leur tenir respectivement. Dès lors elles doivent être fermement convaincues que les Puissances du continent n'ont pas d'ennemi plus perfide et plus dangereux. Nous allons leur en présenter quelques preuves, et si les ambassadeurs des différentes cours pensoient que les opinions de M. Canning peuvent être moins hostiles aux Gouvernemens du continent que ne l'étoient celles de son prédécesseur, nous les invitons à consulter les opinions privées de ce nouveau ministre, exprimées dans divers discours qu'il addressa à ses commettans il y a deux ou trois ans, et qui furent imprimés dans tous les journaux du temps où il est facile de les retrouver.

Jusqu'à présent nous n'avons présenté la politique Angloise que comme cherchant à nuire à la France: nous allons la voir dorénavant s'occuper à faire illusion à toutes les Puissances du Continent, a les déjouer dans toutes les mesures qu'elles voulent prendre, et de là les entrainer dans un abyme semblable á celui où est plongée l'Espagne en ce moment, *

Les souverains s'assembloient à Troppau pour se concerter sur les mesures qu'ils prendroient pour terrasser les révoltes qui venoient d'éclater. Dés l'annonce de leur prochaine réunion, nous voyons aussitot Mr. Cazes qui jusqu'alors avoit paru assez délaissé par le ministére Britannique, avoir tout a coup les conferences les plus fréquentes avec Lord Castlereagh. Il fut même choyé à un tel point, qu'il fut question d'induire sa Majesté, sous prétexte de lui faire entendre quelques artistes François, à demander à diner .... à qui ? A MR. CAZES ! Ce fait nous ayant été rapporté de trés bonne part, nous publiâmes aussi tot ce que nous venions d'apprendre, en ajoutant: " Si cet avis tombe sous les yeux de quelque fidéle serviteur de sa Majesté Britannique, qui puisse l'approcher, nous le prions de le lui communiquer.' Cet avis ne contribua peut-être pas peu à déranger l'intrigue qui avoit projeté ce scandaleux diner.

---

* Cette expression pourra paroitre trop forte, mais qu'on y fasse bien attention, car tous les souverains de l'Europe marchent vers leur perte à pas précipités.

Nous voyons aussi à cette epoque le Gouvernement François, sur lequel Mr. Cazes conservoit toujours le même empire—Car qui ne sait que Mr. de Richelieu ne fut alors qu'un mannequin sans portefeuille, comme sans jugement et sans moyens—joindre aussi tot tous ses efforts à ceux de l'Angleterre pour déjouer les trois Souverains alliés dans toutes les mesures qu'ils proposèrent, et se refuser d'y coopérer, sans doute sous le faux prétexte du peu de confiance qu'on pouvoit placer dans les troupes Françoises, et du danger, vu le mauvais esprit qu'on prétendoit régner dans l'armée, de mettre des régimens en contact avec des corps révoltés pour une semblable cause.

Enfin, le 19 Janvier 1821, parut à Londres cette fameuse circulaire, dont l'ambiguité qu'on avoit si artistement cherché à donner à certaines phrases, ne dut certes faire aucune illusion aux souverains pour lesquels elles avoient été arrangées. Le ministère Anglois les présenta à la nation Britannique comme la preuve de sa désapprobation formelle des principes énoncés par les Puissances alliées, sous le titre de la Sainte Alliance, tandis qu'il chercha à en justifier les expressions auprès des Souverains alliés, comme ayant été forcé par la fermentation qui existoit, de paroitre, devant le peuple Anglois, entrer dans ses sentimens, sans pour cela cesser de faire tous ses voeux pour le succès des mesures qu'ils avoient adopteés.—Dut-on, doit-on se méprendre à un tel langage? Fut il possible de ne pas reconnoitre dans toute la composition de cette note officielle, et à l'époque où elle fut publiée et répandue avec profusion, la perfidie la plus noire, dont le but direct etoit de donner les plus grandes espérances aux peuples déjà révoltés, et d'encourager ceux qui, en ce moment, méditoient d'en faire autant dans le Milanois, dans la Lombardie, et même en Allemagne ?

Malgré la défection des Cours de France et d'Angleterre, les trois augustes Souverains alliés n'en firent pamoins avancer leurs troupes, et ils virent tous les fantômes qu'on avoit cherché à leur présenter, disparoitre à leur approche ; ce qui seroit arrivé de même en Espagne et en Portugal, si la France les eût secondés, et si les événemens qui eclatèrent dans l'est de l'Europe n'eussent tout à coup suspendu leurs résolutions et ne les eussent portés à diriger leur principale attention sur cette autre partie du globe. Cette nouvelle circonstance vint ouvrir un champ bien plus vaste encore aux intrigues du ministère Britannique. Nous allons commencer par dévoiler aux yeux du Roi de France et des augustes Souverains alliés les motifs secrets de toutes ses manoeuvres ; nous le suivrons ensuite dans tous les détours de sa politique astucieuse, et nous finirons par démontrer les dangers auxquels elle expose la tranquillité de toute l'Europe.

Nous croyons ne pouvoir mieux commencer le développement de ce sujet, qu'en rapportant préalablement es propres paroles que nous adressâmes au ministère nglois dans la 47eme livraison de nos Réflexions, Historiques, Morales et Politiques, lors que nous entreprîes de prouver que la marche politique qu'il suivoit toit contraire à tous les principes de religion, de morale et d'une saine politique. Nous augmenterons par là il est vrai ces frais d'impression que nous nous glorifions d'avouer que nous ne sommes plus dans la position de pouvoir faire, puis que c'est pour la défense de l'autel du trône, de l'honneur et de la famille des Bourbons que nous avons sacrifié le peu qui nous restoit; mais ne perdons pas courage, et, de manière ou d'autre, le ciel y pourvoira. D'un autre coté, nous allongerons considérablement le sujet que nonr traitons, mais nous osons espérer qu' aucun lecteur ne regrettera les momens que cette répetition exigera de lui. Voici donc comme nous nous exprimions à ce sujet en fevrier 1821.

"Avant d'entamer la thèse que la marche que le gouvernement Anglois a suivie et suit encore est contraire à tous les principes de religion, de morale et de saine politique, pénêtrés, comme nous le sommes, de notre insuffisance et de notre foiblesse, non pour prouver dans toute son étendue l'assertion que nous nous sommes permise, mais pour traiter, avec la dignité qu'il mérite, le grand objet que nous avons en vue, qu'il nous soit permis de vous appeler à notre appui, Prélats et écclésiastiques vertueux, qui regardez la religion comme le premier de tous les biens pour les hommes! ô vous, pères de familles qui placez votre bonheur dans les êtres auxquels vous donnâtes le jour; propriétaires qui voulez conserver vos biens; citoyens de toutes classes qui chérissez la morale et la vertu et qui attachez du prix à la prospérité et à la tranquillité publique; vous tous enfin, hommes de bien qui croyez en Dieu et qui aimez votre prochain, je vous invoque à mon aide! c'est la cause de l'autel et du trône, des Gouvernemens et des Peuples, qu'il faut faire triompher des délires de l'esprit et des égaremens de la raison ; c'est la vérité céleste, la vérité immuable, la vérité imprescriptible qu'il s'agit d'élever au dessus de l'empire terrestre, frivole et passager des passions ; en un mot c'est d'ouvrir au genre humain les portes du bonheur sur la terre et de la béatitude dans le ciel, qu'il faut vous occuper, à moins que vous ne vouliez le laisser se replonger dans cette hypocrisie traitresse, dans cette mer d'erreurs pernicieuses, enfin dans cet océan de vices qui, depuis l'origine du monde, ont si souvent dégradé, deshonoré la race humaine. C'est vous plus particulièrement Ministres du Gouvernement Anglois, c'est chacun de vous individuellement, dont j'honore les vertus privées, que j'invoque contre la marche politique qu'une fatale erreur vous a fait adopter réunis en conseil, et que vous mêmes, quand vous descendez dans votre propre conscience, ne pouvez que juger contraire à tous les principes de religion, de morale et de saine politique. C'est vous, auguste réunion de membres distingués par la naissance, les talens, la stricte observation des devoirs du chrétien dont vous donnez en général l'exemple dans vos familles, et qui composez la grande majorité des deux Chambres du Parlement d'Angleterre, que j'oserai en même temps invoquer à votre propre secours, car qui mieux que vous a pu voir jusques dans votre sanctuaire méme, l'excès de démoralisation, de dégradation, de dépravation, auquel peut se porter l'esprit corrompu des hommes? Qui plus que vous parconséquent doit être pénêtré de la nécessité impérieuse d'y mettre un frein et pour l'Europe et pour vous mêmes? O corps illustre, rendez vous digne de ce rang que vous occupez, de ce respect qui y est attaché, de cette opinion publique qui est votre plus belle récompense, quand elle devient un tribut mérité, en embrassant d'un concours unanime la défense de l'humanité, contre une politique Machiavéliste, ennemie de tous les peuples, comme de tous les Gouvernemens. Tel est votre premier devoir comme législateurs, votre obligation la plus sacrée comme chrétiens votre intérêt le plus direct comme Anglais et comme hommes.

" Pouvez vous ne pas être frappés de l'inconvenance, de l'inconséquence et du danger des discours qui se sont prononcés dans votre sein, sur les vues de la coalition des souverains relativement aux révoltes qui ont eu lieu à Naples et ailleurs? Ne voyez vous pas que ces déclarations, sous le déguisement d'une fausse philantropie, laissent échapper un orgueil qui doit d'abord exciter l'indignation des trois grandes Puissances réunies, et finir ensuite par soulever toute l'Europe contre vous? Cet orgueil mal entendu porte l'Anglais à mépriser tout ce qui est étranger, à vouloir assimiler tous les Gouvernemens au sien; mais êtes vous assez aveugles vous mêmes, pour ne pas voir combien la constitution que vous chérissez, et qui peut convenir à l'Angleterre parce qu'elle est analogue au caractére national, et que la situation isolée de ce pays n'exige pas le maintien d'une armée aussi considérable que celles que sont obligées de maintenir réciproquement les Puissances du Continent, ne pouroit être pour tout autre peuple qui, pour l'envisager sous le point de vue philosophique Anglais, ne seroit pas assez mûr pour jouir de ses bienfaits, qu'une source continuelle de corruption, d'agitation, de troubles, de complots, de révoltes, en un mot de misères et de calamités de toutes especes? Pouvez vous disconvenir qu'il ne soit aussi inconvenable qu'étrange que, jusques dans le Parlement d'Angleterre, des individus osent dire que des Souverains réunis par les vues les plus pures et les plus désintéressées pour arrèter l'incendie révolutionnaire qui menace d'embraser toute l'Europe, n'ont pas le droit d'intervenir dans une révolution opérée par une poignée de scélérats factieux et de soldats révoltés; et qu'il est de la dignité de l'Angleterre de ne pas souffrir une telle intervention, ou du moins de n'y prendre aucune part; en d'autres mots, de soutenir soit directement, soit indirectement, dans tous les pays du monde, l'esprit révolutionnaire à la source duquel la politique du Gouvernement Anglois ne fut peut être pas toujours étrangère?

"Aux questions aussi indécentes que mal avisées qui viennent d'être faites à ce sujet aux ministres du Roi dans les deux Chambres du Parlement d'Angleterre, Lord Liverpool et Lord Castlereagh n'ont point hésité à répondre que le Gouvernement Anglois n'avoit point participé aux mesures que les Souverains composant l'union de la Sainte Alliance ont jugé à propos d'adopter. Mais ont ils bien réfléchi eux mêmes aux conséquences d'une telle déclaration? Ne pourroit on pas la regarder comme dictée par la timidité, par la foiblesse, par une basse *courtisanerie?* Tout homme qui croit en Dieu, qui aime son prochain, qui desire le rétablissement de la tranquillité publique en Europe, n'a-t-il pas le droit de la proclamer contraire à la religion, à la morale et à une saine politique? Nous allons l'envisager successivement sous ces trois points de vue.

Contraire à la Religion.

" De deux choses l'une; ou les illustres Souverains composant l'union de la Sainte Alliance sont imbus des sentimens les plus purs, ou ils sont mus par des vues secrètes, et des intérêts differens. Dans le premier cas, dont il nous paroit que personne ne peut se permettre de douter, d'après la déclaration faite par L. L. M. M. I. et R. qu'elles ne souffriroient aucune invasion de territoire, &c. C'est en vain qu'une politique Machiavéliste et perfide chercheroit à s'opposer à leur desseins; l'ange du Seigneur marchera devant eux, et la honte, la confusion, l'anéantissement deviendront le partage inévitable des démons infernaux qui auroient cherché à jeter des tisons de discorde parmi des Souverains réunis par de si pieux sentimens. Il s'agit de relever les autels de l'éternel, non par ce fanatisme qui a été jusqu'a nos jours le déshonneur et la ruine de la vraie religion, mais par la pratique pure de cette loi sainte que Dieu lui même a donnée au chrétien. Quel ministre pourroit donc trouver une excuse devant le tribunal de sa propre conscience pour ne pas concourir de tout son pouvoir au couronnement d'une telle œuvre?

Contraire à la Morale.

"Dans quel état d'irréligion et de démoralisation est aujourd'hui toute la chrétienté? Quelle nation, si ce n'est l'Angleterre, donna jamais un spectacle plus frappant de la facilité avec la quelle la corruption et la perversité de quelques êtres criminels ou insensés, vient d'abuser de la crédulité du peuple Anglais? Quel peuple a donc plus besoin d'être protégé contre les égaremens de ses passions, et contre la corruption du siécle?

" Laissons les journaux Anglais prodiguer leurs insipides et continuels éloges à toutes les institutions, aux qualités prédominantes, aux vertus supérieures de cette premiére nation du monde dont la classe, qui devroit avoir le plus de discernement, voit, par tout la paille dans l'œil de son voisin, sans apercevoir la poutre dans le sien. Pour nous, nous lui parlerons avec plus de franchise, et nous lui dirons: nulle nation sur la terre ne possède un plus grand nombre de ces établissemens qui honorent l'homme; nul peuple peut être ne seroit plus vertueux, et ne mériteroit davantage d'être heureux, si le prix qu'on attache à l'argent en Angleterre n'y avilissoit tous les sentimens honorables, si l'avidité avoit des bornes dans l'esprit d'un peuple commerçant, si l'enormité d'une dette imprudemment contractée n'étoit hors de la portée des moyens qu'a cette nation d'y faire face, enfin si elle ne se trouvoit placée dans une élévation, de pure circonstance, qu'elle ne peut soutenir qu'en cherchant par tous les moyens quelconques, fût ce même en cherchant à semer la division et la discorde, à conserver un monopole commercial contraire aux droits de tous les peuples de la terre, et qui finiroit par la rendre l'ennemie du monde entier.

"Peut on se permettre de douter, demanderons-nous encore ici, que les vues des trois Souverains qui agissent d'un concert aussi unanime, ne soient de propager les principes de morale parmi tous les peuples de l'Europe? Dès lors en se séparant de telles intentions, quelles sont donc celles que les ministres Anglais veulent qu'on attribue à leur politique? Et ne nous trouvons nous pas justifiés d'avoir avancé qu'elle étoit contraire à tous principes de morale?

"*Contraire à une saine Politique.*

"La politique, chez les peuples ignorans ou barbares, chez les souverains ambitieux de conquêtes, parmi les nations guidées par l'egoïsme et l'intérêt, put être et fut trop souvent jusqu'à nos jours, fausse et traitresse. Mais à une époque où les connoissances humaines ont fait de si grands progrès, où tout fanatisme a disparu de l'idée des peuples, et même, en général, de l'esprit des prêtres, sur tout en ce moment heureux où les Souverains eux mêmes non seulement sont personnellement imbus de leurs premiers devoirs envers Dieu et envers les peuples que la Providence divine les a appelés à gouverner, mais sont unis par une ardeur commune pour rétablir l'autel et le trône dans toute leur splendeur, et répandre sur les peuples tous les bienfaits que leur inspirent des vues vraiment paternelles, c'est faire usage d'une grand modération que de se borner à dire que les motifs qui porteroient les ministres d'une nation à déclarer publiquement qu'ils ne concourent aucunement à de telles vues, sont contraires à tous les principes d'une saine politique.

"En effet, quel doit être le but d'un Gouvernement dans toutes ses démarches publiques; si ce n'est d'en obtenir des résultats avantageux pour l'avenir, or je le demanderai au ministère Anglais lui même, que peut il attendre d'une politique qui cherche évidemment à déjouer en secret les mesures les plus sages, à contrarier sous main les vues les plus utiles, à s'opposer autant qu'il est en son pouvoir de le faire indirectement, au grand but qui est l'unique objet de l'ambition, de la sollicitude, en un mot du feu céleste qui anime les Souverains Alliés pour le rétablissement et la continuation de la tranquillité en Europe, afin de pouvoir ensuite se livrer, au sein d'une longue paix, à répandre le bonheur parmi les hommes, et la prospérité sur toutes les nations? Que peuvent attendre, disons nous, les moteurs égarés d'une telle opposition, si ce n'est de provoquer l'animosité, la haine, l'éxécration, non seulement des Souverains qui composent la réunion de la Sainte Alliance, mais de tous les Gouvernemens légitimes de l'Europe, et même de tout individu, quel qu'il soit, qui attache quelque prix à la religion, à la tranquillité publique, au bien être de sa propre famille, à la prospérité de sa patrie? or que doit il inévitablement en résulter, si ce n'est toutes les mesures que tous les autres Gouvernemens croiroient devoir prendre de concert ou séparément pour se garantir d'une nation qui, par une telle conduite, se montre si evidemment l'ennemie de toutes les autres? Peut-on dénommer saine politique une marche qui conduit à un tel résultat? L'Angleterre se trouvera-t-elle bien assurée contre les effets de l'indignation, du ressentiment et du courroux qu'une telle politique doit indubitablement inspirer aux trois Puissances aux vues des quelles elle s'oppose si irreligieusement, si immoralement, parce qu'elle se seroit, dans ces derniers temps, accolée à la France? Doit elle espérer, en se tenant à l'écart de la division, dont elle a peut être été une des principales causes, pouvoir se borner au rôle de spectateur, et se renfermer dans une prudente neutralité, pour continuer sans obstacle le monopole du commerce du monde? ah! qu'une telle politique seroit fausse! Qu'une telle illusion lui deviendroit funeste à elle même! Qu'un tel espoir se changeroit bientot en confusion et en vains regrets!

" Le Philosophe moderne et l'athée se plaisant à nous dire que Dieu, s'il en existe un, ne se mèle point des événemens de ce monde. L'homme qui a du jugement, et qui examine avec attention ce qui se passe sous ses yeux, doit penser differémment. En effet comment ne pas reconnoitre le chatiment de Dieu dans la maniére dont tous les Rois de l'Europe ont été humiliés par le fils d'un huissier Corse, et dans celle dont sa chute est arrivée si rapidement qu'on peut dire qu'un jour vit élever sa puissance gigantesque, et qu'un jour la vit évanouir? Comment envisager autrement les trônes des premières familles du monde occupés un instant par une race abjecte, et par les déesses du vice et du scandale? Comment contempler sous un autre aspect toutes les calamités qui ont affligé les peuples d'Europe, et à la tête desquelles nous plaçons le délire des chartes et des constitutions nouvelles, comme la plus pernicieuse, puisqu'elles égarent l'esprit et fomentent les passions? Comment, par dessus tout, se refuser à voir la main de Dieu couvrant de confusion l'orgueil de ce peuple philosophe qui se croit doué d'une sagacité et d'un jugement supérieur; qui prétend surpasser par la pureté de sa morale, par un amour pour la décence poussé jusqu' au scrupule, tous les peuples de la terre; qui se vantoit que ses autorités ne pouvoient être détournées de la ligne de leur devoir ni par l'intérêt ni par la crainte; et qui pourtant vient de donner au monde le scandale le plus complet d'une crédulité portée jusqu'à l'absurdité, ou d'une mauvaise foi qui surpasseroit dès lors toutes les idées qu'on attache à la corruption, à la dégradation, et à l'excès de toutes les démoralisations, et dont le premier tribunal, aveuglé par l'égoïsme ou ébranlé par la pusillanimité, a sacrifié la morale, le devoir, l'honneur, aux simples murmures de quelques attroupemens populaciers, dont le Gouvernement, enfin, croit aujourd'hui n'avoir d'autre ressource que de chercher, à force de concessions, à calmer les esprits et à se concilier les suffrages ?

" Si ce n'est pas la main de Dieu qui vous frappe du plus sévére chatiment, Anglais qui conservez des principes de religion, de morale et d'elevation d'ame, à quoi attribuerez vous tout ce dont vous venez d'être les témoins ? Craignez donc d'attirer encore davantage sur vous la punition céleste en cherchant à vous opposer aux vues des Souverains composant l'union de la Sainte Alliance, et qui doivent paroitre, aux yeux de tout vrai chrétien, les instrumens des volontés de la Providence divine. Ouvrez les yeux à temps sur le précipice où vous allez vous engouffrer. Si l'on doit regarder comme authentique la lettre du Roi de France insérée dans les journaux de Naples, dont nous lisons la traduction dans les journaux Anglais, il paroit déjà que Louis XVIII. a commencé enfin à ouvrir les yeux sur la perfidie et la perversité du ministre auquel il abandonna trop long temps sa confiance.

" Mais cette lettre fût elle même une fabrication, il ne peut exister aucun doute que, le jour où les Puissances alliées déclareront leur volonté de soutenir le parti Royaliste en France, le Roi, ainsi que nous l'avons déjà dit, quittera le fauteuil de Robespierre pour remonter sur le trône de St. Louis, et au moindre retour du Roi dans le chemin du devoir et de l'honneur, la nation Francaise deviendra, en moins de trois mois, la plus desabusée de toutes ses erreurs, et la plus éloignée d'y retomber. Dès lors, l'Espagne rentrera dans le devoir, le Portugal suivra son exemple, et l'Angleterre, induite en erreur par les faux tableaux que lui auroit présentés un traitre a la fin démasqué, restera seule contre le ciel et la terre que sa fausse politique auroit également offensés.

" Le Gouvernement Anglais n'est sans doute pour rien dans les fournitures d'armes que le Conseil du Prince Régent de Naples vient de publier avoir été faites en abondance de Corfou, de Malte et d'Espagne. Mais sous quelle domination sont Malte et Corfou ? De tels chargemens peuvent ils se faire sans l'apparence d'une autorisation du moins tacite ? De quelles manufactures sont sorties ces armes prêtes à se répandre sur toute la terre, parmi tous les peuples qui cherchent à se soulever contre leur gouvernement légitime ? Quel peut, quel doit devenir à la fin l'excés du ressentiment de tous les Gouvernemens contre lesquels elles furent et seroient dirigées, de toutes les nations qui ont vu tant de torrens de sang se répandre dans leur sein ?

" Si nous jetons les yeux sur d'autres parties du globe, nous demanderons qui commande en ce moment les forces navales du Chily ? Dans quelle partie de l'Amérique Méridionale n'a-t-on pas vu nombre d'officiers Anglais, et jusqu'à des corps entiers composés de sujets de cette nation ? Qui osa soustraire en France à la rigueur des loix, ou à la clémence du Souverain, un condamné pour crime de haute trahison? Qui offre en ce moment à Naples six vaisseaux de guerre et trois mille hommes de troupes ?

" Ce sont, dira-t-on, des individus sur lesquels le Gouvernement Anglais ne peut avoir de contrôle d'après la constitution d'Angleterre. Cela peut être vrai jusqu'à un certain point, mais alors on peut répondre, quelle nation fut jamais enflammée d'un plus funeste esprit de disséminer en tous lieux sur la terre des alimens à l'insubordination et à la révolte ? Si la constitution Anglaise ote au Gouvernement de ce pays le pouvoir de réprimer un tel esprit, cette constitution n'est elle pas ennemie de la paix de l'univers, et l'Europe entiére n'est-elle pas autorisée à prendre toutes les mes ure qui peuvent forcer un peuple qui ne connoît aucun frein, à respecter le droit des gens et des nations, et à traiter en barbares des gens qui foulent aux pieds les loix des autres peuples ?

" Que font dans la riviére de la Plata des batimens de guerre en station constante ? Qui a donné à l'Amiral Popham les instructions qui ont pu l'autoriser à des ouvertures avec Boyer, président de la République établie à St. Domingue, et dont la preuve résulte de la lettre suivante insérée daus les journaux Anglais le 11 Décembre dernier ?

" Extrait de la lettre de Jean Pierre Boyer, président d'Hayti, à S. E. Sir Home Popham, commandant les forces navales de S. M. B. à la station de la Jamaïque, datée du Port au Prince le 1er Mai 1820, 17e année de son indépendance.

" Monsieur——J'ai reçu hier soir la lettre dans laquelle vous me faites sentir le danger auquel sont exposées la liberté et l'indépendance d'Hayti par l'influence que le parti colonial a obtenu dans les conseils de S. M. T. C. qui peut essayer tot ou tard de regagner la souveraineté de ce pays, par suite des malheureuses divisions qui régnent entre le nord et les parties occidentale et Méridionale de l'île.

" Le moment auquel vous me proposez un rapprochement entre le Gouvernement du Nord et celui de l'autre partie, n'est pas le temps convenable pour ouvrir cette négociation.

" Le sentiment qui vous a porté à faire cette démarche, est aussi louable dans son principe, que digne de la réputation qui vous a acquis l'estime de tous ceux qui vous connoissent, et j'espère que les Haytiens sur lesquels j'ai l'honneur de présider, feront de constans éfforts pour mériter votre bienveillance."

" Si cette lettre est vraie, et elle porte tous les caracères de l'authenticité, et n'a point été désavouée, quelle olitique peut mériter d'être regardée comme véritableent plus diabolique?

" D'après tous ces faits que vous ne pouvez nier, frémlsez donc, Gouvernement Anglais, en osant déclarer que ous n'avez pris aucune part aux mesures que les souerains qui composent l'union de la Sainte Alliance ont doptées, et craignez de leur paroitre à la fin le plus fatigable ennemi du repos et de la tranquillité du onde.

" Ou vous ne connoissez point votre propre situation, vous vous livrez à l'illusion la plus pernicieuse á vos ritables intérêts, et á votre propre existence, si vous uvez vous flatter de conserver encore long temps le nopole du commerce de l'univers, dont vous n'avez jamais si bien joui que depuis que la désolation s'est répandue en Europe et dans l'Amérique Méridionale. Il n'est pas un Ambassadeur d'une cour étrangère qui, pour peu qu'il ait de discernement, n'ait pu, en lisant le discours de Lord Liverpool et les discussions Parlementaires, dans la dernière session relativement à l'état du commerce de ce pays, juger quelle étoit l'arriére pensée de toutes les mesures politiques du Gouvernement Anglais; qui ensuite, en comparant les charges de la nation Anglaise avec ses ressources territoriales, les seules constantes, et par conséquent les seules réelles, n'ait du reconnoitre, à la moindre réflexion, combien l'existence de l'Angleterre est devenue précaire, combien son pouvoir démesuré est facile à anéantir en peu d'instans, et combien sa prolongation dépend entiérement du voile du préjugé et d'une prévention exagérée sous lequel le reste de l'Europe l'a envisagée jusqu'à présent, et que le moindre incident peut faire tomber. Dans le fait et quelque étrange que puisse paroitre cette assertion, on n'a pas même en ce moment la moindre idée en Europe de la situation véritable de la puissance Anglaise.

« Tout ami de l'Angleterre, tout homme qui desi vraiment la prospérité de cette grande nation, et no sommes de ce nombre, doit donc faire des vœux po que, bornant ses vues ambitieuses, et reconnoissant ell même les dangers d'une situation devenue si scabreuse loin de s'abandonner aux calculs gigantesques d'un m nopole qui ne peut que réunir contre elle tous les pe ples de la terre et attirer inévitablement sa ruine, elle cherche son salut par les moyens qui peuvent seuls l'assurer, c'est à dire par des sacrifices personnels, par l'économie, par le rétablissement de la religion et de la morale dans son propre sein, enfin par un concours franc et loyal à toutes les mesures nécessaires pour la restauration de la tranquillité publique en Europe, et pour le triomphe de la religion et de la vertu."

Dans cette longue citation, nous appelons surtout l'attention de nos lecteurs sur le passage suivant :— "*Dans le fait, et quelque étrange que puisse paroitre cette assertion, on n'a pas même en ce moment la moindre idée en Europe de la situation véritable où se trouve l'Angleterre.*" Nous le répétons ici pour que cette remarque n'échappe à aucun lecteur, car ce n'est point ici le lieu de développer cette vérité, et encore une fois nous sommes bien loin de chercher à nuire à la nation Angloise. Notre admiration pour les établissemens superieurs qu'elle renferme dans son sein, et pour tant de vertus privées dont la vue doit inspirer à tout être qui a habité ce pays, le respect et la vénération pour tant de ses habitans, lui assure au contraire tous nos vœux pour son bonheur et sa prospérité. Mais nous ne pouvons lui souhaiter ni l'un ni l'autre, aux dépens des autres peuples de l'Europe, ni croire qu'elle puisse les trouver dans l'usurpation des droits naturels de toutes les nations, et certes encore moins dans une ambition gigantesque qui lui prépare inévitablement une catastrophe épouvantable, que nous avons la douleur de egarder comme infiniment plus prochaine qu'on ne le roiroit même possible, si l'on ne réfléchissoit pas à toutes les causes qui y concourront à la fois, à la première secousse, et de quelque coté que provienne le moindre ébranlement.—Ambitieux aveugle, songes y bien, *tout fleuve débordé doit inévitablement, plus tot ou plus tard, rentrer dans son lit, la nature le prescrit ainsi.* Le ministère Anglois cherche à retarder ce funeste moment, à l'aide des bouleversemens que, sous le manteau d'une fausse philantropie, il cherche à propager dans toute l'Europe. Voilà l'exacte vérité: mais le voile doit enfin se déchirer, et c'est servir le ciel et la terre, que de mettre à nu sa noire perfidie. Reprenons donc notre sujet et renfermons un moment nos réflexions particulièrement à la Grèce, et dévoilons les motifs secrets qui ont pu porter l'Anglois, ce Chrétien si zélé ce dévot adorateur de la bible, a devenir tout à coup le protecteur du Coran; cet avocat si chaud de la liberté du Noir, à se montrer subitement l'oppresseur du Blanc; cet ardent philantrope, professant par toute la terre haine à la tyrannie, amour à la liberté, à s'ériger soudainement en chevalier du tyran le plus barbare, en fauteur de l'oppression la plus sanguinaire.

Nous avons déjà indiqué l'unique source d'une conduite faite pour inspirer l'exécration et l'horreur, et nous allons l'indiquer de nouveau.—Le rêve de Buonaparte de *faire prendre au commerce de l'Inde la voie de l'Egypte*, et d'en arracher le monopole à l'insatiabilité Insulaire: cours naturel, et qui intéresse directement toute Puissance qui a des côtes sur la Méditerranée et plus particuliérement l'Autriche et la

France. Et c'est pour cette vile cupidité mercantile que l'Anglois foule ici aux pieds à la fois la religion, la justice et l'humanité. Si nous nous transportons à Paris, à Vienne, à Berlin, partout nous trouverons un de ses diplomates occupé à représenter l'accroissement de puissance de la Russie comme le danger le plus formidable pour le monarque près duquel il est accrédité; si nous passons à Petersbourg, nous y verrons son agent chercher à emouvoir l'âme héroïque d'Alexandre et à l'induire en erreur par l'excès même de sa magnanimité, tantot en lui présentant les nobles efforts de la nation Grecque pour se soustraire à l'oppression la plus tyrannique, sous l'aspect d'une rebellion révolutionnaire, liée et concertée avec celle d'Espagne, fondée sur les même principes, et tendant à compromettre la sécurité de tous les Gouvernemens du continent; tantot faisant briller aux yeux de ce prince le noble caractère qu'il a développé, et qui lui prescrit, dit il une impartialité philosophique, sans doute pour ne voir dans le Grec armé pour son dieu, ses foyers et sa liberté, qu'un sujet révolté; et confondre la bannière de la Croix avec l'étendard du croissant, l'autel du vrai dieu avec la mosquée d'un imposteur, l'Evangile avec le Coran, le Chrétien avec le Musulman.

Portons ensuite les yeux sur les combinaisons profondes avec lesquelles la politique Angloise a multiplié ses messages et ses notes aux différentes cours, pour occasionner de longs et inévitables delais, pendant lesquels il étoit à présumer que les Grecs, abandonnés à eux mêmes, seroient écrasés par les armées, Turques, tandis que les révolutionnaires Espagnols, laissés bien tranquilles, auroient le loisir de s'organiser, de se consolider, enfin de préparer des obstacles plus ou moins grands aux mesures tardives que voudroient prendre ensuite les Puissances Alliées. Enfin, après, plus de dix huit mois de négociations captieuses, pendant lesquels l'astuce profonde de la politique Insulaire n'est que trop parvenue à dénaturer tous les faits, à embrouiller toutes es idées, à faire naitre toutes les illusions, en un mot à prévenir toute décision définitive sur les affaires de l'est, voyons accourir à Vérone le héros libérateur de l'Espagne, qui, à la tête d'une armée ne manquant de rien, ayant pour lui toute la population de ce Royaume, poursuivit des troupes dénuées de toutes ressources, trouvant un ennemi dans chaque habitant, et qui, ne recevant aucun renfort, se retirerènt pas à pas, et abandonnèrent un terrein qu'il leur etoit impossible de défendre et encore plus de conserver; voyons le duc de Wellington, disons-nous, d'abord parler de l'intérêt que l'Angleterre prenoit à la cause des Rois coalisés ; ensuite présenter obstacle sur obstacle à leurs projets, et laisser même percer des menaces indirectes ; enfin arracher aux Conseils des souverains alliés la déclaration la plus contraire aux intérêts des trônes, la plus opposée aux premiers devoirs des Rois, ce que nous démontrerons tout à l'heure. Cependant, n'étant plus secondé par la légation Françoise, et n'ayant pu obtenir que l'Espagne fût abandonnée à elle même, nous le voyons accourir à Paris ; jeter l'épouvante dans un ministère aussi peu clairvoyant qu'il est foible et timide ; ne pas négliger sans doute de faire mouvoir l'ami Cazes ; profiter de la confiance ce que lui accordoit Louis XVIII. en retour des services que ce monarque croyoit en avoir reçus, pour l'effrayer et chercher à l'égarer. Delà la préférence donnée par le Roi à la dépêche de M. de Villèle, la retraite honorable de M. de Montmorency, la nomination de M. de Chateaubriand, enfin la nullité du ministère actuel, et la stagnation plus qu'insignifiante où il végète depuis ce temps.

Nous eussions pu nous étendre beaucoup davantage sur la duplicité de la politique Insulaire, et sur les intrigues multipliées qu'elle a mises en jeu auprès des divers monarques du Continent, mais ce court aperçu nous paroit suffisant pour attirer l'attention des Conseils des Rois et leur faire ouvrir les yeux sur les piéges dans lesquels ils sont eux mêmes tombés, et si nos écrits parvenoient à être lus par les augustes Souverains dont, depuis six ans, nous plaidons les intérêts les plus directs avec autant de zèle que de désintéressement, peut-être—et ce n'est pas l'amour propre qui nous dicte ce langage—peut-être, disons nous, la destinée de l'Europe prendroit elle soudain un autre cours. Car, nous le répéterons, au moins pour la centième fois, il ne faut que leur volonté, non seulement pour sauver l'Europe, mais pour la regénérer. Et c'est vous, ô Alexandre, ô François, ô Guillaume, qui avez pu vous arrèter dans un tel chemin !

Ne voyez vous donc pas, ô Alexandre, que toutes les

intrigues de l'Angleterre auprès des cours d'Autriche, de Prusse et de France, ne furent principalement dirigées que contre vous? N'apercevez vous pas l'astuce profonde avec laquelle on a séduit la plus belle vertu de votre âme, pour vous entrainer dans l'erreur en vous faisant confondre les nobles efforts de la nation Grecque qui réclame un sol qui lui appartient et qui a été envahi par la violence; les autels du Dieu de leur père, qui ont été profanés par un fanatisme impie; et un Gouvernement équitable, au lieu du despotisme arbitraire qui les écrase, avec les attentats des brigands audacieux qui se sont soulevés en d'autres pays contre leur Gouvernement légitime? Ne voyez vous pas que le piège dans lequel ils vous ont fait tomber, vous expose à paroitre aux yeux du peuple que la Providence vous a appelé à gouverner comme abandonnaut vos frères au glaive du féroce et sanguinaire Musulman, comme.... oserai-je le dire?.... indifférent à la foi? ô Alexandre, dans quel égarement funeste les traitres ont eu l'art de vous entrainer! Ne devez vous pas craindre, d'un autre coté, que l'ardeur de vos soldats pour une si belle cause, comprimée par une si longue attente, ne fasse au fond de leur cœur une blessure qui peut s'etendre jusqu'à influer, sur leur amour pour vous, et même ébranler leur fidélité? Ne voyez vous pas enfin à quel point vous venez d'être trompé, à quel excès vous venez d'être trahi par la perfidie de vos plus cruels ennemis?

Ne voyez vous pas, ô François, que vous ne pouviez rien avoir à redouter d'un nouvel empire Grec qui se fût formé à Constantinople ; que la Russie ne pouvoit en acquérir aucun pouvoir de plus, et que le commerce de toutes vos provinces avoisinant les frontiéres de ce nouvel empire Chrétien ne pouvoit qu'y gagner une importante activité ? Comment se fait il donc que non seulement agissant contre vos intérêts directs, vos Conseils réunis n'aient pas été frappés de la monstruosité de présenter à l'univers, par la déclaration surprise à la religion des Rois, l'étrange scandale du spectacle des chefs de la chrétienté, naguères réunis sous la bannière de la Sainte Alliance, rangés aujourd'hui, pour ainsi dire, sous l'étendard du Croissant, pour renverser la Croix?

Ne voyez vous pas, ô Guillaume, que le rétablissement de l'empire Grec étoit pour la Prusse du plus grand intérêt politique, en lui préparant un allié naturel intéressé à vous sontenir, et à maintenir en Europe la balance des pouvoirs ? Et si vous supposez à la Russie quelques vues d'aggrandissement de ce coté, le moyen de les prévenir, n'est il pas d'y établir un Gouvernement sage et modéré qui ne laisse aucun prétexte ni à l'ambition, ni à l'usurpation ?

Et vous, Gouvernement François, jouet constant et toujours victime de la politique infernale de vos ennemis les plus invétérés, ne voyez vous pàs que la résurrection de cet antique empire ne pouvoit que faire fleurir votre commerce, vous préparer un allié plus utile, plus sincère et plus puissant que ne peut l'être l'empire Ottoman, et créer en même temps à votre rivale éternelle une opposition formidable dans les mers du Levant.*

Je viens de vous exposer, Augustes Souverains, avec quelart et par quels moyens, le monopoliste universel est parvenu à vous écarter de vos intérêts les plus directs, je vais vous découvrir le précipice affreux que sa profonde perfidie a creusé sous vos pas.

Je ne discuterai point ici s'il est vrai ou non que la disposition des esprits autorisoit l'evacuation des troupes qui veroient de mettre fin à la révolte de Naples et du Piémont, et d'y effectuer le rétablissement des autorités légitimes; je n'examinerai pas jusqu'à quel point ces autorités, naguères renversées en un instant, se trouvent plus ou moins solidement raffermies en ce moment; mais je ne puis concevoir par quel aveuglement une telle décision a pu être

* Dans l'ecrit en date du 4 de ce mois, et dont celui ci est la suite, nous avions supposé la probabilité du démembrement de la Turquie, et considéré cet événement comme possible. La lecture de la déclaration qui nous a fait reprendre la plume ne nous permet plus d'entretenir une semblable idée. L'ambition d'Alexandre est bien plus élevée que celle des conquérans ordinaires; il n'a à cœur que le bonheur des hommes, et dès lors certes rien n'étoit plus facile aux Puissances coalisées que de réunir leurs efforts, de faire avancer leurs armées, de rétablir l'empire Grec, dont le siege auroit été à Constantinople, sauf à en exiger le remboursement des frais de campagne, ce qu'il auroit fait aisément par le moyen d'un emprunt qu'il auroit obtenu sans peine de tous les capitalistes du monde civilisé.

surprise aux Conseils des Souverains réunis à Vérone, et comment ils ont pu consentir à retirer leurs troupes avant que la révolte d'Espagne fût entierement etouffée. Ne voyez vous donc pas l'énormité de cette faute politique, premiérement dans les effets que cette faute doit produire en encourageant plus que jamais l'audace des révoltés Espagnols; auxquels il doit paroitre évident que si l'on avoit la moindre intention d'employer une force armée pour les réduire à l'obéissance, on ne retireroit pas des troupes toutes transportées, et prêtes à être embarquées au premier signal? Secondement a-t-on pu se faire illusion sur l'état trés précaire du Gouvernement François, et fermer en même temps les yeux sur le temps précieux qu'a perdu cette administration insignifiante, au lieu de l'employer à fortifier l'autorité Royale; à prendre les precautions que la prudence indiquoit et que les circonstances commandoient; à gagner la confiance de la nation par des mesures administratives qui lui eussent prouvé que les ministres s'occupoient d'encourager l'agriculture, de relever le commerce, de propager l'industrie nationale, en un mot, d'affermir les esprits et d'attacher les cœurs? * Après

* En portant la plus scrupuleuse attention à assurer les succès de nos armées, à resserrer nos liens avec les Puissances du continent, à ramener l'Angleterre à une politique plus chrétienne envers la chrétienté, plus charitable envers son prochain, et plus amicale envers ses voisins, on ne doit ni négliger aucune des précautions que la prudence indique pour la sécurité intérieure, ni oublier de se livrer à un nombre infini d'améliorations

avoir végété pendant un an, ne montre-t-elle pas à tous les yeux au contraire sa foiblesse et son incapacité par l'état de stagnation torpide dans lequel elle attend la prochaine réunion des députés? Et avec une administration si complétement nulle, avec un systême si vacillant de Gouvernement, comment peut-on ne pas prévoir la mine sur laquelle on se trouve placé si les troupes qu'on ne peut se dispenser de faire marcher en Espagne sans tomber dans un péril encore plus grand, oublioient leur devoir un seul instant?† Etoit-ce donc là le moment d'évacuer le Piémont, et de retirer les troupes Autrichiennes d'Italie? La prudence ne

---

de tout genre dont le concours peut, avant dixans, élever la France, à un état de prospérité dout ceux qui ne portent la vue que sur le cercle étroit qui les environne, ne pourroient même croire à la possibilité. Si Frederic le Grand disoit avec vérité—et il etoit en état de le réaliser—que s'il étoit Roi de France, il ne se tireroit pas un coup de canon en Europe sans sa permission, nous oserons affirmer que, si Colbert vivoit, la France seroit bientot le pays le plus florissant de la terre.

† Espérons qu'on ne sera pas assez avengle pour n'y envoyer qu'une foible armée. Il faut qu'elle soit telle, qu'elle ne puisse être arrètée pas aucun obstacle; qu'elle soit soutenue d'échelon en échelon, et qu'une escadre parte pour débarquer à Cadix une armée de 12,000 hommes au moins, si les Cortès y conduisoient le Roi. Plus on a tardé, plus il faut de force; plus on tardera, plus il en faudra.

demandoit-elle pas plutot qu'on en augmentât le nombre, et qu'on se tînt prêt à tout événement?

Tandis qu'il semble donc en vérité que tous les Gouvernemens concourent à l'envi à leur propre perte, Monarques qui venez d'être aussi évidemment trahis, contemplez la double noirceur de la perfidie du Gouvernement Anglois. Au moment où par le résultat des intrigues que nous avons dévoilées, il obtient ou plutot surprend la déclaration que les Conseils des Rois ont eu l'imprévoyance de laisser proclamer, et dans laquelle on annonce que les souverains alliés " ont prononcé une sentence unanime de désapprobation contre l'insurrection des Grecs," à ce même moment, disons nous, l'Anglois ajoute la double trahison de faire reconnoitre publiquement par son pavillon dans l'Archipel, la validité des blocus faits par la flotte Grecque, admettant dès lors, par cet acte, la légitimité de l'insurrection de cette nation.—Au moment où il vient d'intercéder, peut-être même d'insister dans le conseil des Rois pour l'évacuation du Royaume de Naples par les troupes Autrichiennes, voyez le duc de Wellington voler à Paris pour chercher à séduire le Roi, à effrayer ses ministres, enfin à retarder par ses intrigues la marche des troupes Françoises en Espagne.—Au même moment encore, voyez le Gouvernement Anglois envoyer à Madrid de nombreux agens, et entre autres Lord Somerset, pour encourager la rebellion, sous le prétexte apparent d'en calmer les excès. Entendez le déclarer au Portugal que l'Angleterre ne souffrira l'intervention d'aucune Puissance armée sur son territoire. Enfin voyez le fournir à l'incendie qui ravage l'Espagne tous les alimens qu'il est en son pouvoir d'y répandre indirectement.

Si les faits que nous venons de citer, n'ouvrent pas les yeux des Rois et de leurs conseils, il ne nous reste plus, après avoir déposé au pied des trônes l'hommage de nos infructueux efforts, qu'à leur répéter encore une fois: "Trompés par des ambitieux, trahis par des perfides, toujours exposés à la séduction des flatteurs qui entourent les trônes, vous êtes bien à plaindre sans doute, mais en ce jour de douleur, le serviteur fidèle à Dieu, à son Roi, à l'honneur, est encore plus à plaindre que vous."

En politique, le moment est tout. Le véritable homme d'état fait naitre l'occasion, le ministre qui a du jugement la saisit, l'homme ordinaire obéit aux circonstances, se borne à suivre le torrent, et ne marche qu'autant qu'il est poussé.

Nous devons croire, nous devons du moins espérer que, dans l'assemblée qui va se réunir en France, on ne se livrera à aucune illusion, et qu'on ne s'y dissimulera pas le péril évident auquel, dans la crise actuelle, la race de nos Rois et notre trop infortunée patrie sont de nouveau exposées.

Les événemens qui ont éclaté dans l'est, qui ont causé la séparation des souverains alliés à Laybach, et qui leur ont fait suspendre l'exécution de la détermination qu'ils avoient prise d'éteindre les révolutions d'Espagne et de Portugal, comme ils venoient de le faire à Naples et dans le Piémont, ainsi que le laps de temps qui s'est écoulé depuis cette époque, ont laissé aux dignes imitateurs de la révolution Françoise en Espagne, le loisir de s'elever à la hauteur de 1793, et le manque de discernement ou la foiblesse du ministère François a malheureusement laissé disperser et presque s'anéantir en ce pays le parti royaliste qui, s'il eut été soutenu à temps et suffisamment, auroit immanquablement et très promptement terrassé le parti révolutionnaire. Il est donc évident qu'aujourd'hui il faut faire de beaucoup plus grandes dépenses et déployer des forces beaucoup plus considérables qu'il ne l'eût fallu il y a un an, il y a six mois, il y en a même trois. Une armée de moyenne force eût pu alors s'avancer sans danger et presque sans obstacle jusqu'à Madrid; mais il n'en est plus de même à présent, et la prudence commande de ne rien laisser au hasard, car la moindre faute pourroit avoir les suites les plus désastreuses et les plus incalculables. Le bouleversement de l'Europe entière en seroit la conséquence; événement que nous n'hésitons pas a déclarer plus que probable, depuis que les Conseils des Souverains se sont laissé égarer à Vérone pas l'influence de l'ennemi le plus acharné du repos de l'Europe, et dont nous venons de dévoiler la noirceur, de démasquer la perfidie.

Les souverains alliés ayant donc retiré leurs troupes du Piémont et du Royaume de Naples au moment où, au contraire, l'intérêt commun et la moindre prévoyance indiquoient la nécessité d'en doubler le nombre, quand même elles n'auroient dû être que spectatrices de la marche des armées Françoises en Espagne. Il en résulteroit aujourd'hui qu'à la première nouvelle d'une bataille perdue, et d'une marche rétrograde, le Piemont et l'Italie entière pourroient de nouveau se soulever en un instant; que la Lombardie et le Milanois suivroient probablement cet exemple, et qu'aussitot la fermentation pourroit devenir telle en Allemagne, que les souverains coalisés apprendroient à leurs propres dépens qu'il n'est plus temps de les ouvrir ces yeux qu'ils ont persisté si obstinément à fermer à l'expérience et à l'évidence même, et reconnoitroient trop tard cette vérité terrible, que la Providence divine leur avoit montré la profondeur de l'abyme sur le bord duquel ils se trouvoient placés et qu'eux mêmes, persistant dans leur aveuglement funeste, s'y sont précipités.

D'un autre coté, ainsi que nous l'avons déjà dit, on ne peut nier que les ministres qui gouvernent la France depuis un an, ne puissent avoir, et n'aient sans doute dans le cœur les sentimens les plus purs. Mais d'un autre coté, on ne peut disconvenir qu'ils n'aient développé aucuns moyens, qu'ils n'aient pris aucune des mesures qui auroient pu donner au Gouvernement du Roi, cette force et cette stabilité qui lui étoient indispensables, que lui avoient otées tant d'administrations successives, et surtout celle de Mr. Cazes, et qu'il étoit si urgent et essentiel de lui rendre. Aujourd'hui quelle est la situation présente des choses? Il faut marcher en avant, mais il faut, avant tout, réparer ce temps si précieux, ce temps écoulé, envolé, disparu, sans avoir rien produit.

Il est une grande vérité en politique comme en morale c'est que le moment qu'on laisse échapper ne se retrouve plus, et nous en ferons l'application au ministère actuel dont l'imprévoyance et la nullité ont placé le Roi et la France sur une mine prète à éclater, et dont il sâgit d'arracher promptement la mêche. Nous la ferons bien plus malheureusement encore aux Souverains alliés qui, déjoués à Laybach par les intrigues de l'Angleterre et la nouvelle trahison de M. Cazes, trahison que nous avons déja exposée ci dessus ; se croyant obligés par la défection des cours de Londres et de Paris qui faisoient alors partie intégrante du Congrès de Rois qui avoit pris la dénomination de Sainte Alliance, à renoncer, dans le protocole de leurs déclarations de Laybach et de Vérone à ce titre imposant et majesteux ; trahis plus que jamais par cet ennemi astucieux et perfide dont nous venons de démontrer toutes les trames, cédant à son influence viennent de porter l'aveuglement jusqu'á laisser declarer publiquement en leur nom qu'ils s'érigeoient unanimement en défenseurs de l'étendard de Mahomet, qu'ils se joignoient aux persécuteurs dela Croix ! Aprés une déclaration aussi antireligieuse qu'impolitique, sous quel aspect peuvent ils désormais être envisagés par des yeux Chrétiens, si ce n'est comme cet homme dela terre qui s'égare dans les sentiers de la philosophie moderne,

" Et qui doit chaque jour de plus en plus descendre
Dans l'abyme profond où l'ont précipité
Et son aveuglement et son impiété."

L'attrait pour l'homme de bien, l'épouvante pour le

méchant, qui dérivoient de ce titre respectable et sacré, ont donc également disparu, et comment pourront elles jamais renaitre? C'est donc un autre tableau qu'il faut présenter aux hommes; ce sont d'autres circonstances qu'il faut savoir créer. La volonté divine semble vouloir se servir pour cela d'un autre Roi, d'un autre peuple, et la politique la plus clairvoyante commande de saisir cette espèce d'inspiration.

C'est au François qu'est dévolu le grand rôle de devenir le sauveur de l'Europe, et de donner à tous les peuples de la terre l'exemple de tout ce qui est grand, de tout ce qui est beau, de tout ce qui est bien. Le ciel a exaucé les prières de Marie Thérèse, et n'a pas été sourd à l'intercession du Roi martyr. Le François est assez heureux pour pouvoir se laver destaches dont quelques vils scélérats l'ont souillé, et rejeter sur leurs vils auteurs les atrocités de tous genres dont il fut la victime, sans jamais en avoir été le complice. Oui, c'est à Bourbon qu'il appartient aujourd'hui de relever cette bannière qù Alexandre vient de laisser échapper de ses mains, et de se placer à la tête de la coalition des Rois. C'est Bourbon qui doit avoir toute la gloire de terrasser l'hydre révolutionnaire, de conquérir la paix, d'assurer le repos de l'Europe, en dépit et à la vue de ses ennemis les plus déterminés. Ses souffrances vont finir, sa gloire va commencer. Voilà le destin que ma foible voix ose lui annoncer. Voilà le sort qui l'attend et qui est digne de lui, car, comme nous l'avons dit ailleurs:

" La vertu fut à lui, le crime à ses ministres."

Députés François, saisissez avec árdeur ce moment si précieux que la Providence divine veut peut-être vous indiquer par la voix de l'être le plus isolé, le plus délaissé qui existe sur la terre, et qui vous crie a 800 milles de vous : " François, ce sont les ennemis ! " Profitez de cet élan pour enflammer la nation Françoise si facile à électriser par tout ce qui est grand et vrai ; enflammez la, disons-nous, non contre le peuple Anglois dont elle doit admirer les vertus, mais contre la politique traitresse et infernale du ministére Britannique dont ma plume vient de dénoncer à l'univers la duplicité et les attentats. Marchez sans crainte en Espagne, protecteurs de l'autel, défenseurs du trône, amis de l'ordre, ne desirant que la paix, les voeux de tout loyal Anglois devanceront vos pas ; et si le ministère Britannique vouloit s'opposer ouvertement à des vues si pieuses, si nobles et si pures, la nation entière se réuniroit pour se soulever contre lui.

Que la prudence préside en même temps dans le Conseil du Roi.

Que des associations de Royalistes forment au plus tot des corps de volontaires dans chaque commune pour assister la Gendarmerie et prêter main-forte aux autorités civiles, s'il en étoit besoin.

Qu'on ne néglige pas le rétablissement des estafettes dont le Gouvernement de Buonaparte avoit sutirer tant d'avantages. Cest une dépense facile à supprimer le jour même où l'on croira ne plus en avoir besoin.

Que tout agent du Gouvernement, sur les principes duquel on auroit le moindre doute, soit surveillé strictement, et qu'an moindre écart, il reçoive son chatiment.

Que la Garde Nationale soit remise sous le commandement de l'héritier présomptif dela couronne, et soigneusement épurée.

Que la vérité vienne dissiper l'erreur.

Que l'indulgence couvre tout égarement passé, mais que la justice soit prête et prompte à frapper tout nouveau criminel tont nouveau révolté.

Que quelques places marquantes, non prodiguées, mais données avec discernement à des militaires distingués, soient la récompense des sentimens loyaux. et annoncent les dispositions du Gouvernement en faveur de l'armée.

Qu'une souscription volontaire soit adroitement suggérée dans toutes les parties de la France, pour faciliter le Gouvernement à terrasser l'hydre révolutionnaire, à protéger l'autel, à soutenir l'honneur du trône, à rétablir l'ordre, à conquérir la paix, Vous donnerez par lá aux François l'occasion de développer leurs sentimens ; et des listes publiées dans chaque commune et transcrites dans chaque département auroient le double avantage d'attirer à chaque citoyen l'estime de ses voisins, et de faire connoitre aux autorités ceux qui, proportionnellement à leurs moyens respectifs, auroient témoigné le plus de zèle pour la cause des Bourbons à laquelle est liée indissolublement celle de la gloire et du salut de la France, et auroient acquis en cette occasion de nouveaux titres à la reconnoissance et à la bienveillance du Gouvernement. Une semblable souscription devroit amplement couvrir les frais extraordinaires que nécessitera l'armement présent, pour lequel il est bien essentiel de ne rien épargner, de ne rein négliger, surtout dans le commencement. Néanmoins une telle mesure ne doit pas être hasardée inconsidérément, et l'etendue de son succès dépendra principalement des stimulans préparatoires et de l'adresse avec laquelle on saura saisir le moment et en profiter.

Si vous jugiez à propos de prendre quelques dispositions à l'égard du Clergé, au nom de Dieu et de la religion, que ce soit pour ordonner à chacun de ses membres de faire sa résidence habituelle et constante dans son diocèse, â la place qui lui est asssignée ; et gardez vous bien de confier le soutien de l'administration à des fanatiques qui nuisent plus à la religion que les impies, qui ôtent aux pasteurs le respect de leurs paroissiens, et qui deshonorent le clergé.

" Voila la vérité ; faudroit il donc la taire ?
Jamais hélas ! sa voix ne fut plus nécessaire
Sauvons notre patrie, et le peuple et le Roi.
A la religion rendons son digne emploi.
Qu'à chaque consciencc elle dise elle même :
Le mal que tu m'as fait alla jusqu'á l'extrême ;
Ouvre les yeux enfin et désormais suis moi :
C'est ton premier devoir, c'est ta plus sainte loi."

La justice a tracé le chemin qu'un Gouvernement équitable doit suivre à l'égard des acquéreurs de biens dits nationaux. Le veudeur est coupable. C'est au vendeur à indemniser soit l'acquéreur qu'il a tromp soit le propriétaire qu'il a dépouillé. La révolution du crime fait des infortunes, celle de la vertu ne doit faire que des heureux.

Si vous faites parler la Noblesse, que ce soit par tous les élans de l'âme et de la pureté. On lui a tout ôté hors l'honneur et la fidélité; qu'elle n'en ternisse pas la gloire par des réclamations mal avisées. Il est des injustices contre lesquelles il ne faut pas réclamer.

Si des jacobins, dans un semblable moment, osoien sepré senter, remerciez les. Lorsque vous ne parlerez que le langage de l'honneur et de la vérité, vous trouverez assez de François pour l'entendre. Leurs discours ne serviront qu'a les confondre davantage, et à les faire hair de plus en plus des François.

Si le moment étoit venu de devoir s'occuper de mesures intérieures, sans doute l'etablissement d'assemblées departementales pour veiller à la répartition des impots à toutes les améliorations locales, comme création de pépiniéres et de fermes expérimentales, ouvertures de canaux, défrichement de landes, et mille autres objets tendant à diriger l'attention publique sur les avantages de l'agriculture, du commerce et de l'industrie, auroient le double avantage de satisfaire les esprits, et de donner un autre cours aux opinions du jour

Je ne puis omettre de retracer ici une des premières pensées qui eussent du occuper tout loyal ministre François, et qui trouveroit sans doute une approbation universelle dans la Chambre, si elle y étoit présentée. Elle est tardive, j'en conviens, mais il vaut mieux tard que jamais. Je transcrirai donc ici un passage de la lettre que j'eus l'honneur d'écrire, le 12 Janvier 1822, à un des membres du Conseil, pour être communiquée à Mr. de Villèle et à ses autres collègues. "Il étoit du devoir des ministres," y disois-je, "il étoit de l'intérêt des Bourbons, à la rentrée de cette auguste famille, de faire répandre des écrits propres à rappeler au peuple François les crimes dont il s'est souillé, afin de lui en inspirer le repentir et le regret, et d'inonder la France de gravures représentant toutes les scènes propres à attendrir l'âme, à émouvoir le cœur. Tous vos prédécesseurs au contraire semblent s'être fait une étude de chercher à faire oublier la fille de Louis XVI. Quelle plus grande monstruosité morale et politique! Mais tout fut aveuglement d'un coté et scélératesse de l'autre. Il est plus que temps de rappeler la nation au repentir et au devoir, et cette mesure ne doit pas être négligée. Une centaine de mille francs ne sauroit être mieux employée que de la manière que nous venons de décrire. L'assassinat du Duc de Berry, les traits héroïques de son auguste veuve &c. fournissent des traits dont il est bon de graver le souvenir dans l'esprit des François." sans doute il n'est aucun des ministres actuels qui ne soit de cette opinion, mais pourquoi out ils, comme leurs prédécesseurs, négligé de remplir ce devoir envers les Bourbons et envers la France? Peut-il être une mesure plus propre à réveiller dans les cœurs François des sentimens qui y étoient jadis innés, mais qu'il semble en vérité que de tous cotés on se plaise à laisser éteindre.

Il n'est nul doute que les trois Puissances coalisées seconderont franchement les efforts de la France, en lui fournissant soit des troupes, soit de l'argent. Il est de la plus haute importance de rétablir avec elles la plus parfaite intelligence, et de renouer et resserrer tous les liens que la perfidie de Mr. Cazes avoit cherché à rompre, et que Mr. de Villèle, dans des intentions pures sans doute, mais dans des vues plus bornées que clairvoyantes avoit laissés se relacher; et il est ensuite à souhaiter que cette union puisse toujours durer.

La conduite à tenir avec l'Angleterre n'est certes pas difficile à tracer. Lui offrir une amitié sincère; oublier le passé; ne lui demander pour l'avenir que de ne pas faire à autrui ce qu'elle ne voudroit pas qu'on lui fît à elle même; lui représenter le nombre de mécontens qu'elle renferme, les efforts qu'ils font constamment pour exciter des troubles, et lui démontrer qu'elle a un intérêt direct, au moins égal à celui de toute autre Puissance, pour ne pas dire encore plus grand, à la répression de cette funeste tourmente qui a désorganisé les esprits, égaré les têtes, et causé des commotions si terribles.

Je pourrois terminer ici cet écrit par des vœux bien sincères pour qu'il attire l'attention de M. M. les députés, et que quelque serviteur fidèle les mette sous les yeux de sa Majesté; mais je me dois à moi même, en le finissant, de répondre à deux accusations qu'on a portées contre moi, au sujet des ouvrages politiques que j'ai publiés à Londres, pour plaider la cause de l'autel, du trône, de l'auguste famille des Bourbons, et de ma trop infortunée patrie.

La premiére est *de m'être oublié jusqu'a me servir,*

dans certains passages, d'expressions que j'aurois dû ne pas me permettre. Sur ce point je ne puis trouver aucune excuse à mes propres yeux ; pas même dans l'élan et la pureté du zèle qui en fut l'origine. J'en ai été scandalisé moi même en les relisant pour la première fois depuis qu'ils ont été imprimés, et je le dis ici, avec une véritable contrition de cette faute, il n'est peut être que le Roi lui même qui ne puisse pas se méprendre sur la source de mon égarement, et qui puisse porter la grandeur d'âme et la bonté, jusqu'à me le pardonner.

La seconde est *d'avoir écrit contre la Charte.* A cet égard je ne chercherai pas à me disculper, mais je veux m'expliquer. Ce seroit mésinterprèter, de propos délibéré ou par erreur, mes opinions, que d'attribuer ce que j'ai dit sur ce sujet à une aversion prononcée contre tout Gouvernement représentatif; et pour en donner uue preuve irrécusable, je rapporterai ici les propres paroles dont je me suis servi dans la troisième livraison de mes Réflexions Historiques, Morales et Politiques, qui paroissoient alors sous le titre d'Argus Politique, pag. 27. En annonçant le projet de combattre les erreurs aux quelles on ne s'est que trop aveuglément, trop inconsidérément livré en France, j'ajoutois: " Si je n'étois pas né sous la monarchie des Bourbons, si je ne sentois pas en moi le sang François de l'ancienne France, je n'hésiterois pas à avouer que je voudrois être né sous un Gouvernement représentatif, et consacrer ma vie dans la carrière d'une honorable et légitime opposition. Mais la France étoi e plus beau pays de l'Europe; le peuple François étoit le peuple le plus doux, le plus hospitalier, le plus heureux, le plus content de la terre ; je fus, la moitié de ma vie, témoin de son bonheur; et qui n'eût pas désiré d'être François!" J'ajoutois encore: "Je supplie le lecteur de ne pas supposer d'après un épanchement dont je n'ai pu me défendre, que je veuille plaider la cause du rétablissement d'aucuns des abus que la révolution a dû supprimer, qui auroient pu être supprimés sans révolution. Je suis *ultra*, non seulement je l'avoue, mais surtout j'en fais gloire; *ultra* à jamais pour servir le Roi, et prêt à faire tout sacrifice personnel à la patrie. Tels sont en France tous *vrais ultra*."—Mais, ô mes Compatriotes, ne les confondez plus avec Messieurs les Circonspects et les *Ventrus!*

La thése que je n'ai cessé de soutenir est donc moins contre l'adoption d'un Gouvernement représentatif, que contre son peu de solidité, vu la situation topographique de la France, l'armée nombreuse qui est dans la main du Souverain, la Gendarmerie qui obéit à ses ordres, et plus que toute chose le caractère François qui n'est pas sans legèreté, mais qui revient aisément de ses travers, grace à un feu électrique qui couve en son âme, et que la vue du panache de Henry, ou l'appel à l'honneur verra toujours s'enflammer en un instant.

Je l'ai dit, je l'ai repété, et je le répéte encore ; ni le sénat de Buonaparte, ni aucune autorisation de la nation pour décréter la Charte dans la séanee du 6 Avril, 1814, ni aucun Roi de France, ne pouvoient avoir le droit de dénaturer, sans le concours des Etats-Généraux, les droits d'une Couronne dont celui qui la porte *n'est qu'usufruitier.* Puis qu'on souhaitoit faire des changemens, il falloit, pour les établir avec droit, les opérer constitutionnellement ; il falloit, pour les rendre durables, leur donner la légitimité ; il falloit enfin, pour faire cesser désormais tout esprit révolutionnaire, non pas faire une contre-révolution, mais donner un caractère légal et imposant à tout ce qu'on vouloit conserver de la révolution.

J'ai dit, j'ai répété, et je voudrois en ce moment avoir cent bouches pour le proclamer encore, que tel est le vrai, le seul moyen de mettre un terme à nos divisions, à nos égaremens, et de fermer les plaies que la révolution a laissées aprés elle ; que toutes les classes de la société en France y ont l'intérêt le plus direct—Vérité que j'ai prouvée sans laisser la possibilité d'un doute—et que le salut de l'Europe entière en dépend.

Quant aux moyens d'exécution, je les ai pareillement indiqués mainte et mainte fois ; mais les transcrire ici de nouveau, ce seroit trop alonger un écrit qui a pris, sans que j'en aie d'abord eu la pensée, une direction bien profonde. On s'effraie des difficultés ! Eh, grand Dieu ! L'unique chemin qui conduise à la régénération de notre patrie est il donc le seul qu'on ne puisse pa suivre, et parce qu'on n'a eu jusqu'à présent ni discernement, ni franchise, ni énergie, faut il qu'on persiste à méconnoitre le pouvoir de la candeur et de la vérité !

Berwick sur le Tweed, le 29 Janvier 1823

A quelque chose malheur est bon," dit un ancien proverbe. Nous avions appris hier avec douleur que des obstacles insurmontables avoient retardé l'impression de l'écrit qui précède, et tout en travaillant à les lever, nous allons profiter de ce délai pour ajouter à ce que nous avons déjà dit quelques réflexions qui pourront ne pas être inutiles, si l'on daigne y faire quelque attention en France.

D'abord, il est aisé de voir que nous ne nous étions pas trompés en craignant de ne voir produire aucun résultat par cette armée à laquelle *le ministère de la perspicacité* avoit attaché tant d'importance; jusqu'à proclamer dans le Moniteur que c'étoit à la sagacité de cette mesure que la France étoit redevable d'avoir repris son rang dans le Conseil des Rois, et tant d'autres phrases semblables, bonnes en vérité à faire illusion à qui? Car peut il exister des idiots assez stupides pour attacher quelque croyance à ces jactances de la médiocrité ministérielle? *

* Je supplie de nouveau mes lecteurs de ne pas s'offenser des expressions souvent trop crues qui auroient pu, ou qui pourroient encore échapper à ma plume, et de songer que je les applique au crime ou à l'erreur, et non aux individus. Ne connoissant ni l'art d'écrire, ni celui de nuancer mes couleurs, et croyant fermement que ce sont les fausses considérations qui achèvent de nous perdre, j'ai cru servir

Il est aisé de voir aujourd'hui que les Constitutionnels n'ont pas pris le change sur cette rodomontade du

---

plus utilement en ne déguisant aucune vérité. Ayant suivi constamment cette maxime, il doit être evident aux yeux de quiconque réfléchit, que je me suis volontairement sacrifié pour les autres, *même pour ceux qui ne m'en savent aucun gré.* Sans avoir eu un seul instant une arrière pensée pour moi même, j'ai parlé le langage du cœur et de l'honneur; tant pis pour qui y est insensible ou ne veut pas l'entendre. Je répéterai encore ici ce que j'ai déjà dit plusieurs fois: "Je ne me crois rien, je suis moins que rien, et je ne veux rien être." J'ajouterai que, voyant le mal sans rémède, je n'ai aspiré depuis trois ans qu'après le moment où je pourrois aller chercher, loin de la France, dans la solitude la plus profonde, à soulager, s'il est possible, la longue et pénible agonie par laquelle il a plu à Dieu d'affliger les derniers momens de ma vie. Je suis sexagénaire; j'ai un pied dans la tombe, et je bénirai l'instant où mes trop cruelles souffrances cesseront avec le souffle de vie qui me reste. Ne rejettez donc pas, ô mes compatriotes, les accens que vous adresse une telle voix, et ne vous laissez détourner de les écouter par aucune impression défavorable que pourroient faire sur vous quelques expressions qui vous paroitroient déplacées, et qui le seroient en effet si elles étoient dictées par un sentiment de personnalité.

Et pourquoi me livrerois-je à un tel sentiment? Ne suis-je pas à 800 milles du parvenu, et du ventru, de l'égaré et du pestiféré, du désorganisateur et du déserteur, du ministère François, et qu'ils ont jugé que l'annonce d'une armée qui étoit dépourvue de tout matériel, et des approvisionnemens nécessaires pour se mettre en marche, n'avoit d'autre but que de les frapper d'une terreur panique. Dès lors, cette démonstration n'a plus été qu'une véritable bévue politique, et loin d'avoir produit l'effet qu'on en attendoit, elle a eu au contraire les plus graves inconvéniens, en portant les révolutionnaires de Madrid à redoubler leurs efforts contre les Royalistes, et en attirant sur eux par là les persécutions et les proscriptions qui ont eu lieu. Les mêmes ministres ont également fait une double faute en laissant de plus les Royalistes manquer d'armes, de munitions, d'argent, en un mot de tous les secours que la politique et la prévoyance commandoient de leur prodiguer, ou

---

manant et du permanent, du régicide et du *patricide*,, de l'arlequin et de l'aigrefin, en un mot de la dégradation, de la dégénération, de la dissolution qu'a produites la faction des propagandistes de constitutions?

" En un mot, cher lecteur, du tableau de Paris,
Qui ne correspond guère à la blancheur du lys,
Tout mon sang tout à coup s'est glacé dans mes veines.
Verrai-je enfin finir mes douleurs et mes peines?
Bourbon, tu crois en Dieu! Peux tu donc, sans frémir,
Laisser l'autel, letrône et la France périr?
Ouvre les yeux enfin ; bannis au loin l'impie,
Obéis à l'honneur et sauve ta patrie.

peut dire avec profusion. C'est ainsi que d'un coté cette fausse mesure, de l'autre ce manque de discernement ont causé tous les désastres que le parti Royaliste a éprouvés, au point d'avoir été repoussé jusqu'au delà des frontieres d'Espagne.

Aujourd'hui la scène va certainement changer de face. Les mesures deviennent réelles du coté de la France, et dès lòrs elles seront efficaces envers l'Espagne. Les Royalistes soutenus reprendront du poids, du crédit et du pouvoir, et il faut espérer qu'on aura assez de jugement pour ne faire paroitre les troupes Françoises que comme leur soutien et leur appui. Que vont elles faire en Espagne? y porter la guerre? Non. elles vont relever les autels, rendre au trône sa splendeur, protéger les honnêtes gens, rétablir la tranquillité publique, et proclamer la paix. Qui pourroit donc douter d'un succès aussi prompt que complet, en dépit de tous les efforts que fera l'Angleterre soit indirectement, soit même ouvertement pour en prévenir ou en retarder les progrés. *

* Ce seroit ici le cas de présenter de profondes réflexions sur l'importance de l'exemple qu'on doit donner à l'Europe et au monde entier en opérant la restauration religieuse, morale et civile de l'Espagne. Mais pour traiter complètement ce sujet, il faudroit et plus de temps, et plus d'espace. Nous nous permettrons donc seulement de dire à la hâte qu'il faut désormais faire entendre anx peuples, non la voix de l'homme de la terre, égaré dans les sentiers de la philosophie moderne, mais un langage puisé à la plus

Députés assemblés en ce moment, au nom du salut des Bourbons et de celui de la patrie, ne vous endormez pas un instant sur les trames perfides de votre infatigable ennemi. Cherchez à exciter l'enthousiasme, mais avec modération. Trop d'emphase sur une guerre semblable auroit l'inconvénient de prèter au ridicule. Qui dit trop ne prouve rien. Méfiez vous de l'ardeur des journalistes. Ce n'est pas la guerre qu'il faut faire, c'est la paix qu'il faut conquérir. Ce n'est pas l'esprit

---

pure de toutes les sources dont il faut dorénavant faire tout émaner. C'est ensuite de l'exemple du monarque et des pontifes que tous les biens doivent découler.

Pour regagner la confiance des peuples, recouvrer leur respect, acquérir des titres à leur reconnoissance, faire renaitre leur amour, il faut avant tout qu'ils se persuadent eux mêmes qu'ils n'ont d'autre moyen que de se montrer à leurs yeux comme les modèles de toutes les vertus.

Il est facheux d'être obligé de le dire, mais l'esprit terrestre de la soutane sera peut-être le plus grand obstacle au rétablissement de la religion dans son essence de pureté. La funeste experience des désordres auxquels le Clergé s'est livré depuis quatorze à quinze cents ans n'a que trop prouvé et les causes qui ont égaré le prêtre et les tentations auxquelles on ne doit plus l'exposer. C'est donc par le Clergé qu'il faut commencer la régénération de la race humaine. C'est la plus importante mesure à laquelle les Gouvernemens ne peuvent trop sérieusement s'attacher —Mais ce sujet m'entraine déjà trop loin; il suffit de l'avoir indiqué, et, quoique à regret, je dois m'en arracher.

de conquêtes qu'il faut ranimer, c'est l'esprit de justice auquel il faut donner naissance. On a sans doute raison de porter les yeux en avant, mais au nom du ciel, portez les aussi en arrière et de tous cotés. Voyez Lord Somerset en Espagne; ne perdez pas de vue les côtes de la Sicile et de la Calabre, le Royaume de Naples, le Piémont, la Lombardie, la Pologne, en un mot l'Europe entiére. Surtout, ne négligez en ce moment décisif, aucune des mesures de sureté intérieure qui peuvent mettre le Gouvernement du Roi à l'abri de toutes tentatives et le préserver de tous dangers; mesures qui auroient du avoir été prises depuis long temps, mais que les circonstances actuelles commandent plus impérieusement que jamais, et qu'il faut, à peine de manquer de prudence, mettre à exécution sans perdre un instant. Soyez en bien convaincu, le ministère Anglois, qui ne parle que de son désir de conserver la paix, ne songe, ne cherche, n'aspire qu'a replonger l'Europe dans les horreurs des révolutions et de la guerre. S'il parvient à occasionner un bouleversement général, sans doute il souhaitera garder une neutralité apparente, mais il soutiendra les révoltés Espagnols, autant qu'il le pourra; il en viendra, ou il en est déja venu à l'offre de son astucieuse et impertinente médiation, ou à des menaces arrogantes, menaces qui seroient sans doute reçues avec le dédain qu'elles méritent: mais il passera à une rupture ouverte, s'il croit que sa déclaration de guerre puisse exciter le soulèvement d'autres peuples, plutot que de laisser la France, en rétablissant l'ordre en Espagne, raffermir la tranquillité dans son propre sein, et mettre celle de l'Europe à l'abri de pouvoir être désormais troublée.

Mais, d'un autre coté, comme il est de fait que ce ministère est aussi foible qu'il est astucieux, comme on a pu en juger lors qu'il a retiré, par une frayeur pusillanime, le bill qu'il avoit présenté contre la Reine ; lorsqu'il a émis sa Circulaire du 19 Janvier ; lorsqu'il s'est prèté à ce qu'on pourroit appeler des économies de bouts de chandelles ; en un mot lorsqu'il s'est montrè, en tout occasion, prêt à sacrifier ses opinions à la moindre clameur populassière, et ainsi que nous l'avons dit dans le temps, " renégat de la bonne cause, embrasser le radicalisme," de même vous le verrez abandonner les Constitutionnels et même ses chers amis les révolutionnaires de Portugal, avec la même pusillanimité, pour ne pas dire lâcheté, le jour où il verra que la surveillance est tellement établie sur toute l'Europe, que sa déclaration ne pourroit produire l'effet ni d'y faire éclater de nouveaux troubles, ni même d'y rallumer une fermentation dangereuse.

D'ailleurs, aujourd'hui que les quatre grandes Puissances, ayant les yeux ouverts sur les manœuvres de leur ennemi commun, vont resserrer plus que jamais les liens qui les unissent, quels seroient les résultats inévitables pour l'Angleterre d'une telle rupture ? D'accélérer une catastrophe aussi prompte qu'épouvantable, et d'attirer sur elle même toutes les calamités et toutes les horreurs d'une révolution.

Que Dieu venille l'en préserver ! c'est le souhait bien ardent de mon cœur. Tel est pourtant le sort inévitable auquel la condamneroit une plus longue persévérance dans un systême aussi anti-chrétien aussi anti-moral, aussi anti-politique, en un mot, anssi ennem du ciel et de la terre, que celui qu'elle a adopté.

FIN.

IMPRIMERIE DU MARQUIS DE CHABANNES.

NOUVELLES

RÉFLEXIONS

SUR L'ÉTAT ACTUEL DE LA

FRANCE

ET

SUR LES MOYENS DE LA RÉGÉNÉRER;

EN Y PROCLAMANT

LES

PRINCIPES DE VÉRITÉ, DE JUSTICE ET DE LOYAUTÉ;

PAR

UN AMI DE LA MONARCHIE.

LONDRES;

DE L'IMPRIMERIE DU MARQUIS DE CHABANNES.

1823.

NOUVELLES RÉFLEXIONS.

AVANT d'abandonner entièrement la partie, essayons encore un dernier effort pour forcer, s'il est possible, ces éternels aveugles, si déterminément incurables, à les ouvrir enfin ces yeux que ni les expériences funestes qu'ils ont faites de leurs déplorables erreurs, ni l'évidence des affreux résultats qu'elles ont entraînés, n'ont encore pu dessiller jusqu'à ce jour.

Conseils des Rois, Ministres, Hommes d'Etat, Russes, Autrichiens, Prussiens, que l'astuce de la politiqne mercantile de rusés insulaires n'a cessé d'égarer et de tromper, et qui avez concouru, avec un aveuglement et une imprévoyance vraiment inexplicables, à enfoncer de plus en plus l'Europe dans le dédale où elle se trouve incontestablement plongée, ne voyez-vous donc pas aujourd'hui que les révolutions qui ont éclaté n'ont été que les fruits des germes empoisonnés que vous avez répandus vous-mêmes à foison en 1814? Ne voyez-vous pas que les délires nouveaux qui se sont emparés de toutes les têtes depuis ce temps n'ont pris le cours qu'ils ont suivi, que parce que, bien loin de chercher à les détourner adroitement, vous n'avez cessé de leur fournir de nouveaux alimens en 1815, en 1818, en 1820, en 1822? Ne voyez-vous pas enfin que plus vous continuerez à vous égarer dans un pareil chemin, plus vous enfoncerez l'Europe dans l'abîme; plus vous lui préparerez de calamités; plus vous accélérerez le renversement de tous les Gouvernemens existans, et plus sera terrible la secousse qui s'ensuivra indubitablement?

Nous sommes arrivés à une époque à laquelle, si l'on ne fait attention qu'aux progrés des sciences, on a justement donné la dénomination brillante de siècle des lumières, mais qui, sous le rapport des égaremens où se sont laissés entraîner les gouvernans et les gouvernés, mérite bien plus qu'aucune de celles qui l'ont précédée, le nom de siècle des ténèbres. Il est plus que temps d'abandonner les sentiers pernicieux de la fausse philosophie moderne, et de reprendre pour guide la lumière céleste qui peut seule nous arracher à la perdition, et rappeler les hommes à la voie du bonheur en ce monde, e tde la béatitude éternelle.

Retraçons à la hâte encore une fois quelques-uncs des idées sur lesquelles nous avons si souvent cherché à attirer l'attention de ceux en qui l'autorité et le pouvoir résident, et de la volonté desquels dépend uniquement, en ce moment encore, le destin futur de l'Europe.

Pour peu qu'on fixe ses regards un instant sur l'histoire de l'homme, on le trouvera peut-être, dans l'état de nature, bien approchant de l'animal par ses besoins et ses habitudes physiques. Mais la pensée qui l'élève sans cesse, et quelquefois même malgré lui, vers son Créateur, n'est-elle pas l'indice incontestable de son origine céleste? La domination qu'il exerce sur toutes les autres espèces d'êtres vivans, qui habitent, comme lui, la terre, ne montre-t-elle pas à ses yeux la différence immense qui le sépare des animaux qui lui sont soumis? Enfin le privilège de la parole, qui ne l'en distingue pas moins, ne lui fut-il pas évidemment donné pour communiquer ses pensées, les accroître par la discussion, et chanter les louanges de l'Eternel? Et c'est pourtant par cet organe, gage de la sublimité de la nature de l'homme, et grâce à la foiblesse de son esprit qui le porte à la crédulité, que l'ambitienx, l'hypocrite, et le prêtre indigne de ce caractère, sont parvenus si souvent, si facilement, à le tromper! De-là sont dérivés tous les égaremens dans lesquels l'espèce humaine s'est laissée entraîner, enfin tous les maux qui l'ont accablée, depuis les temps les plus reculés jusqu'à nos jours.

Mais d'un autre côté, les progrès des sciences ont développé l'esprit des hommes; l'hypocrisie du prêtre a été mise à découvert, et ne sauroit plus désormais être tolérée; et ce qui vient à l'appui de notre assertion que le mauvais prêtre fut en tout temps le plus grand ennemi de l'homme et de la religion, c'est qu'au moindre scandale, que donne aujourd'hui la soutane, le philosophe moderne s'en empare aussitôt, et avec l'adresse la plus perfide s'en fait une arme qu'il tourne contre la religion même, pour porter le peuple à douter des principes de la foi, et l'entrainer à grands pas vers l'athéisme.—Hommes qui persistez dans le plus funeste aveuglement, écoutez Montesquieu, et tremblez. "Celui qui n'a pas de religion," dit-il, " est cet animal terrible qui ne sent sa liberté que lorsqu'il déchire et qu'il dévore." Faut-il donc pour vous convaincre de l'exactitude de cette épouvantable vérité, vous qui avez des yeux, et qui ne voulez plus voir; vous qui avez des oreilles, et qui ne voulez plus entendre; faut-il vous retracer les tableaux que vous venez d'en avoir sous les yeux?

Eh bien, contemplez donc ces torrens de sang naguères versés en France; ces nouvelles horreurs commises en ce moment par des bandes de brigands Espagnols; songez aux dangers auxquels Londres fut exposé le jour de l'assassinat de M. Platt, lors du complot de Thistlewood, aux crimes qui viennent de se commettre et qui se commettent encore tous les jours en Irlande; enfin, en tous lieux, reconnoissez, aux excès où se porte le peuple, quand il a brisé le frein de la religion, "*cet animal qui ne sent sa liberté, que lorsqu'il déchire et qu'il dévore.*" Il seroit superflu d'accumuler d'autres citations; quiconque n'eût pas ouvert les yeux, après de tels exemples, sur l'intérêt immédiat qu'il a, même politiquement parlant, à ce que les Rois envisagent le rétablissement de la religion comme la première base qui doive attirer leur attention, à coup sûr ne les ouvrira jamais. Présentons maintenant une autre citation non moins juste, et dont l'application ne sera pas moins palpable.

" Les dissentions affreuses," nous dit un auteur qui ne sera pas suspect à nos philosophes modernes, et qui fut moins aveugle qu'eux, ou du moins plus franc, J. J. Rousseau, " les désordres infinis qu'entraîneroit nécessairement ce dangereux pouvoir," (celui qu'auroient les peuples de renverser leurs souverains, s'ils n'étoient pas retenus par un frein plus puissant que les loix) " montrent, plus que toute autre chose, combien les gouvernemens humains avoient besoin d'une base plus solide que la seule raison, et combien il étoit nécessaire au repos public, que la volonté divine intervînt pour donner à l'autorité souveraine un caractère sacré et inviolable, qui ôtât aux sujets le funeste droit d'en disposer. Quand la religion n'auroit fait que ce bien aux hommes, c'en seroit assez pour qu'ils dussent tous la chérir et l'adopter."

Vous l'avez entendu, Conseils des Souverains qui venez non-seulement d'abandonner le titre de " Sainte Alliance" en tête de la circulaire de Vérone du 14 Décembre dernier, mais qui semblez avoir évité d'y introduire jusqu'au nom meme de religion. Vous avez entendu une vérité que le plus puissant Roi de l'Europe périssant, entouré de soldats François, au milieu de la population de la capitale, le trône de France renversé, ceux de Naples et de Turin menacés, ceux de Madrid et de Lisbonne ébranlés, même les vôtres exposés en ce moment aux plus grands dangers, devroient présenter à chaque instant à votre pensée. Si la religion est le premier bien pour tous les hommes, elle est aussi le premier soutien des trônes; le frein le plus puissant pour contenir les peuples dans l'obéissance et le devoir. Comment donc avez-vous pu porter l'erreur au point d'avoir confondu, dans un aveuglement philosophique, le Chrétien et le Musulman, la Croix et le Croissant?

Quelle faute plus grave en morale, en religion, et même en politique, avez-vous pu commettre? Ne craignez-vous pas qu'on ne vous fasse à vous-mêmes l'application de ce que nous venons de dire relativement au mauvais prêtre? Ne savez-vous pas que les yeux des peuples sont ouverts, et que nulle hypocrisie ne peut plus désormais être tolérée? Tout homme d'état, digne de ce nom, qui eût porté la religion dans son cœur, et qui ne se fût pas borné à n'en avoir que sur les lèvres, eût tenu un langage bien différent.

Nous nous permettrons d'avancer ici un fait qui n'est malheureusement que trop fondé, c'est que la religion Chrétienne est au moins abominablement négligée, pour ne pas dire totalement abandonnée, par ceux même qui ont le plus d'intérêt à la soutenir, et qu'elle est tombée, aux yeux du peuple, de l'homme plus élevé, et, tranchons le mot, du clergé même, dans une sorte de décrépitude dont on ne peut la tirer qu'en la plongeant dans une fontaine de jouvence, et c'est à quoi nous sommes tous appelés à concourir.

" Il faut revenir à cette religion sainte," disoit Louis XVIII. dans cette proclamation, monument de sagesse, où son âme se peignoit toute entière, et qui est le dépôt de ses plus secrètes pensées. " Nous voulons relever ses autels," ajoutoit-il. " En commandant la justice aux souverains, et aux sujets la fidélité, elle maintient le bon ordre, elle assure le triomphe des loix, elle produit la félicité des empires."

Oui, augustes Monarques, *il faut revenir à cette religion sainte.* Mais ce n'est point à de vaines paroles qu'il faut vous borner, comme ce n'est point par des moyens ordinaires que vous obtiendrez un résultat aussi immense et aussi important pour le triomphe de la vérité. Il faut y employer une sorte d'art; et ponr relever la ferveur Chrétienne, il faut, en quelque sorte, régénérer la religion même, la retremper, la présenter douée d'une nouvelle vigueur, brillant d'un nouvel éclat,

Pour y parvenir, il ne faut qu'employer un moyen aussi simple qu'il est certain. C'est de s'occuper sans délai de faire cesser toutes les divisions que des sectateurs égarés par l'ambition, l'erreur, ou d'autres causes, ont introduites dans l'interprétation des articles de la foi. Aujourd'hui que le fanatisme n'existe plus, que les passions sont éteintes, et que le bien général demande cette réunion, il est plus que probable que les chefs de l'Eglise, députés par leurs sectes respectives, et réunis en espèce de concile, parviendroient aisément à se rapprocher, et à rendre la religion Chrétienne une et indivisible, telle que les commandemens de Dieu et les paroles de Jésus Christ l'ont tracée. Puisse cette réflexion profonde attirer l'attention des Rois de la Chrétienté et du chef de l'Eglise! C'est le premier pas à faire pour arriver à la restauration, à la régénération, au triomphe de la religion. Il paroîtroit sans doute convenable eux chefs de l'Eglise ainsi réunis, d'arrêter entre aux la suppression de certains passages des Saintes Ecritures, auxquels la grossièreté du langage de ces temps reculés ne permettoit de faire aucune attention, mais qui aujourd'hui choquent les oreilles les moins délicates, et prêtent à des remarques et à des interprétations qu'il ne peut qu'être avantageux à la morale et à la religion de prévenir.

Nous croyons avoir indiqué ici le plus sûr moyen d'arriver promptement, efficacement, et complètement à opérer la rénovation de la religion ; cherchons à présent à indiquer la marche qu'il nous semble que les quatre grandes Puissances du Continent devroient suivre pour sortir du labyrinthe dans lequel elles se sont si inconcevablement égarées.

1o. Resserrer plus que jamais, par un nouveau traîté, et sous la dénomination de Sainte Alliance, les liens qu'elles ont déjà formés.

2o. Proposer à l'Angleterre d'y accéder *franchement* ; et, en cas de refus, savoir apprécier *le peu d'importance*, pour le Continent, de cette Puissance insulaire, aussi longtemps que les quatre grandes Puissances resteront indissolublement unies.

3o. Inviter tous les autres Souverains à se ranger sous la bannière de la Sainte Alliance.

4o. N'avoir véritablement en vue que ce qui peut contribuer au bonheur et à la prospérité des peuples.

5o. Publier franchement et ouvertement leurs intentions paternelles.

6o. Détourner les esprits des égaremens et des erreurs du jour, en dirigeant leur attention sur des administrations provinciales chargées de repartir les impôts et de proposer toutes améliorations locales.

7o. Proclamer leur détermination unanime d'établir dans leurs états respectifs l'égalité des impôts, l'admission du mérite à toutes les places, l'égalité de la justice envers tous, en un mot d'accorder tout ce que la justice exige, et qu'il seroit même maladroit, pour ne par dire impolitique, de refuser.

8o. S'occuper sans relâche à rétablir la religion dans toute sa pureté, le culte dans toute sa splendeur, et ne négliger aucune des mesures qui peuvent rendre le Clergé respectable, et lui assurer la haute considération qui doit être attachée aux saintes fonctions qu'il remplit, et que doivent accroître encore les vertus privées et la conduite publique.

Telle est la régénération religieuse, morale, et politique que je m'étois figuré que la Sainte Alliance devoit et alloit trés-probablement opérer. Lorsque la Providence Divine, m'étois-je dit, voudra faire cesser les malheurs de l'espèce humaine, elle inspirera à de puissans Monarques l'idée de faire consister leur gloire à élever les pensées de l'homme vers son créateur; et embrâsant le prêtre d'un feu céleste, elle le pénétrera de la sublimité de ses fonctions et de la profondeur de ses devoirs. C'est alors que commencera la vraie régénération de l'espèce humaine. L'homme, averti dès-lors de la grandeur de son origine, et de la haute destinée qu'il lui est permis d'atteindre, se résignera avec patience aux épreuves auxquelles il aura plu à Dieu de le soumettre en ce monde, pour lui donner l'occasion de mériter une plus grande récompense en l'autre. Pénétré de ces grandes idées, il me sembloit que ce moment étoit arrivé. Le titre de Sainte Alliance donné à l'union des plus grands Monarques; les motifs qui les réunissoient; les sentimens qu'ils annonçoient; ces paroles sublimes, prononcées par Alexandre à la Diète de Pologne : " N'oublions pas que les institutions de ce genre" (les constitutions) " ne sont que les ouvrages des hommes ; comme l'homme lui-même, elles ont besoin d'un soutien à leur foiblesse, d'un guide contre l'erreur, et, comme lui, elles ne peuvent trouver ce soutien et ce guide que dans la morale Chrétienne, et dans ses divines doctrines ;" tout, en un mot, avoit concouru à nous faire espérer que cette régénération étoit prochaine, et que la Sainte Alliance alloit devenir la source d'où découleroient toutes les vérités. " Jamais," avoit encore dit Alexandre, " je ne transigerai avec mes principes et jamais je ne me soumettrai à consentir à rien qui leur soit contraire." Tels sont mes motifs pour espérer encore, lors même qu'il semble ne plus rester aucun espoir.

O Alexandre, vous vers qui ma foible voix, qui jusqu'à présent s'est perdue dans le désert, ose de nouveau s'élever, oui, ils vous ont égaré, trompé, trahi plus que jamais, ces ennemis perfides que cette même voix osa naguéres vous dénoncer. Ils ont eu l'art de tendre le piège le plus séduisant à votre magnanimité. Hélas ! vous y êtes tombé ! Mais cette même magnanimité peut encore vous en tirer, et c'est elle que j'invoque en ce moment. Oui, Alexandre, j'oserai vous rappeler à vous-même ; aux deux augustes Souverains, vos puissans alliés, vos dignes amis ; à vous, vertueux François ; à vous, magnanime Guillaume ; ces paroles de Massillon qu' hélas j'ai fait entendre si vainement jusqu'ici à mon malheureux Maître que vous avez tous trois placé, sans le vouloir, sur le bord du précipice où il est tombé, et d'où il est de votre devoir et de votre intérêt de le retirer.

" Rien n'est plus grand que de vouloir être détrompé, et d'avoir la force de convenir soi-même de sa méprise. Rien ne déshonore l'autorité" (dans l'esprit du peuple) " que la foiblesse qui se laisse surprendre, et la mauvaise gloire qui croiroit s'avilir en convenant de son erreur et de sa surprise.—Les variations qui nous ramènent au vrai, raffermissent l'autorité, loin de l'affoiblir."

Vous l'entendez, augustes Monarques ; ne semble-t-il pas que la Providence divine inspira ces profondes sentences à Massillon, pour qu'elles vous fussent répétées aujourd'hui ? Ne vous laissez pas en ce moment faire illusion par les louanges ou la flatterie. Vous vous êtes cruellement trompés ; vous vous êtes grandement égarés ; vous vous êtes trahis vous-mêmes. Ah ! revenez, il en est temps encore, revenez des funestes erreurs auxquelles vous vous êtes livrés ; unissez-vous plus que jamais à Louis XVIII. ; relevez, d'un commun accord, cette bannière sainte sous laquelle vous vous étiez rangés, et qui vous couvroit de la protection divine ; rendez la splendeur à l'autel, la majesté au trône, et occupez-vous désormais de concert et sans relâche à répandre le bonheur sur tous vos sujets ; à accroître la prospérité des nations que le ciel vous a appelés à gouverner ; enfin à rétablir dans toute sa pureté la religion, le plus précieux bienfait de Dieu envers l'homme, le plus ferme pilier des trônes, le frein le plus puissant pour les peuples.

Et vous, Ecclésiastiques, Pères de famille, Hommes de bien de toutes les classes,

" Venez à mon secours, courez à mon appui,
C'est votre cause à tous que je plaide aujourd'hui."

Jetez-vous avec moi aux pieds des augustes Souverains dont dépendent nos destinées; implorons leur pitié pour nous, implorons-la pour eux-mêmes; obtenons d'eux qu'ils ouvrent un instant les yeux, et l'Europe est sauvée. Encore une fois, cent fois, mille fois, il ne faut que leur volonté bien prononcée, pour en obtenir une régénération complète. Nul obstacle ne peut s'y opposer, nulle difficulté ne peut se présenter, qui ne soient faciles à lever, possibles à surmonter, dès qu'ils seront imbus de leurs premiers devoirs, de leurs intérêts les plus directs, et indissolublement unis. Précédés par la vérit, protégés par la religion, appuyés sur la justice, qu'ils marchent alors sans crainte; à leur approche, toutes les vapeurs infectes qui obscurcissent l'horison, disparoîtront soudain, comme un brouillard se dissipe aux premiers rayons du soleil. De tous côtés les cœurs voleront sur leur chemin. Mais s'ils continuent à suivre la fausse route dans laquelle ils sont si malheureusement engagés, qu'ils tremblent eux-mêmes sur leur propre destin. Qu'ils tremblent bien plus encore, s'ils songent à la responsabilité des Rois. Car ce ne sont point les vaines paroles, ce sont les faits, les faits seuls, qui sont enrégistrés, et qui seront comptés au tribunal de l'éternité. Là, sans pompe, sans gardes, sans flatteurs, ils paroîtront, comme tous les autres hommes, accompagnés de leurs actions, et responsables en outre, non-seulement du mal qu'ils auront fait, mais de tout celui qu'ils auront laissé faire. Voilà, augustes Souverains, le tribunal auquel vous êtes comptables; *le seul que vous deviez reconnoître*, mais devant lequel vous devez trembler. Pardonnez à ma témérité, mais le plus fidèle serviteur des Rois est celui qui leur dit la vérité; et celui-là, quel qu'il soit, qui a pu tracer cette phrase impie et régicide qui se trouve dans la circulaire de Vérone: " Puissent-ils être tous pénétrés de cette grande vérité, que le pouvoir confié à leurs mains est un dépôt sacré dont ils sont comptables au peuple et à la postérité;" celui là, disons-nous, a méconnu les droits et les devoirs des Rois, ou les a trahis: et c'est ainsi que tout s'oublie, se perd, s'anéantit.

Au surplus, comme nous l'avons déjà dit, ne désespérons pas encore. Si la Providence divine, dont il n'appartient pas à l'homme de scruter les immuables décrets, inspira aux plus illustres Souverains de l'Europe le grand projet de s'unir par les liens d'une Sainte Alliance, c'est une preuve qu'elle veut que ce moment devienne l'époque de la régénération de l'espèce humaine. La religion, le plus précieux des bienfaits de Dieu envers l'homme, doit en être la base fondamentale; un nouveau code de droit public doit en être la seconde, et consacrer tout ce qui peut conserver l'indépendance respective des nations, tout en mettant leur propre tranquillité à l'abri de pouvoir être troublée, o ut en les plaçant dans l'impossibilité de mettre en danger celles des autres. La présente année va démontrer si nos désirs, nos espérances, nos pressentimens s'accompliront. Ou la Chretienté va voir briller dans son sein une lumière céleste qui conduira les peuples dans la voie de tout bien et de tout bonheur; ou, continuant à suivre les torches de la philosophie moderne, et livrée de plus en plus à l'athéisme, elle finira par attirer sur elle un sort semblable à cette génération dont Dieu voulut jadis purger la terre. Telle est du moins notre intime conviction.

Sexagénaire, ainsi que je l'ai déjà dit, ayant un pied dans la tombe, isolé, pour ainsi dire, sur la terre, n'ayant conservé de correspondance avec qui que ce soit, n'aspirant qu'après le moment où le ciel fera cesser mes affreux tourmens, j'ose pourtant encore, ô mon trop malheureux Maître, élever vers vous la voix de la fidélité.—Je vous invoque de nouveau pareillement, ô mes concitoyens; ne fermez pas l'oreille à des accens qui partent d'une source semblable, et qui ne peuvent avoir pour but que votre bonheur.

Nous appliquerons aujourd'hui au ministère François cette phrase que nous adressâmes naguères aux Monarques de l'Europe: " Quoique tout ce qui arrive dans l'univers soit soumis à la volonté suprême de Dieu, et que le passé, le présent et l'avenir lui soient également connus; néanmoins, par une organisation incompréhensible à la foiblesse humaine, Dieu n'en voulut pas moins laisser l'homme libre arbitre de ses actions et de sa future destinée. Dans sa bonté infinie, il lui indique le chemin qu'il doit suivre, mais il le laisse le maître d'en prendre un autre ; il l'avertit au bord du précipice, lui en montre la profondeur, mais sans lui ôter la liberté de s'y précipiter.

Pouvez-vous donc, ministres dont l'aveuglement semble incurable, ne pas reconnoître aujourd'hui cette Providence divine qui plaça le Roi et la France *sur le bord du précipice, et leur en montra la profondeur*, d'abord dans la déclaration de St. Ouen, ensuite dans la proclamation de Cambray, qui furent l'ouvrage de la perfidie de l'Angleterre et de l'immoralité de M. de Talleyrand — dans l'admission d'un Fouché dans le conseil du Roi, ce qui fut encore la suite de cette infernale politique Angloise *—dans toutes les mesures

---

* Qu'on me pardonne cette expression *d'infernale* que je répète sans cesse, mais qui convient si bien à une politique dont nous avons dit, avec tant de vérité, que *tout lui paroît bon pour parvenir à ses fins*. Exemple : le duc de Wellington prenant Fouché par la main, et le plaçant à table, à son coté.—O gloire du héros de l'Angleterre, quelle éclipse tu souffris en ce moment ! —*Il n'est point de religion qu'elle préfère.* Exemple : le Croissant qu'elle favorise contre la Croix. *Point d'alliance qui l'arrête.* Exemple : la circulaire de Troppau, etc.—*Point de droits de nations qu'elle respecte.* Exemple : le bombardement de Copenhague, et la prise de la flotte de Danemark ; le droit de visite sur les mers qu'elle a l'impudence de s'arroger, et auquel tant de Gouvernemens ont la foiblesse, pour ne pas dire la lâcheté de se soumettre ; les armes que le manufacturier Anglois fabrique, que les flottes Angloises transportent, que le marchand Anglois prodigue en tous pays aux sujets révoltés

désorganisatrices, tantôt appuyées par la Russie, tantôt suggérées par l'Angleterre, sous le ministère de M. Cazes.—Dans le laps de temps qui s'est écoulé depuis votre nomination, M. de Villèle, sans qu' aucune mesure ait été prise ni pour la sécurité du trône, ni pour la prospérité de la nation—dans cette faute, incalculable dans ses suites, d'avoir séparé le Roi de ses Alliés; d'avoir manqué aux engagemens pris par M. de Montmorency en son nom—enfin, dans cet aveuglement qui passe toute croyance, et qui vous porte, même en ce moment encore, à chercher à négocier avec les révoltés Espagnols — dans tous ces faits, et dans un grand nombre d'autres que je pourrois vous citer, ne reconnoissez-vous pas cet insensé qui, placé sur le bord du précipice, et ayant eu le temps d'en contempler la profondeur, finit pourtant par s'y précipiter?—Mais hélas! vous y précipitez aussi votre Roi et la France.

Le ministère François, sentant peut-être sa foiblesse, a cru se donner une nouvelle force en s'accolant de M. le Vicomte de Chateaubriand, et c'est sans doute à lui

---

contre un Gouvernement légitime, etc. — *Point de liens humains qu'elle ne foule aux pieds.* Exemple : l'assassin de Louis XVI. placé dans le conseil ds son frère par l'influence de l'Angleterre ; M. Cazes, complice, au moins par sa place, de l'assassinat du duc de Berry, reçu à bras ouverts, caressé, fêté dans Downing-street, lorsque, par la plus monstrueuse inconvenance, il arriva en Angleterre comme ambassadeur de S. M. T. C. pour complimenter George IV. sur son avènement à la couronne, etc. etc.

qu'on doit cette phrase aussi déplacée dans la bouche de Louis XVIII, que servant de preuve incontestable qu'elle fut tracée par un ministre qui peut-être s'aveugle lui-même, mais qui ne connoît ni les loix ni les principes: " Que Ferdinand VII. soit libre, pour donner à son peuple des institutions qu'il ne peut tenir que de lui." Et pour comble d'ineptie ou de folie, après avoir fait ainsi publiquement une déclaration que Buonaparte commandant à un million de soldats victorieux, ne se seroit pas même permise, on y ajoute l'absurdité et la bassesse de chercher, par l'entremise de Lord Somerset, à porter les Landaburiens à donner aussi une charte à l'Espagne, qu'on auroit ensuite d'impudeur, conjointement avec l'Angleterre, d'engager ou même de forcer Ferdinand VII. à proclamer comme l'œuvre de sa propre volonté. Quel plan noble et lumineux! Mais n'étoit-ce pas ce qu'on devoit attendre de l'auteur de la Monarchie suivant la Charte; de l'homme d'état qui crut terminer son discours à la Chambre des Pairs par un trait d'esprit transcendant, en disant: " Nous sommes arrivés à une époque très-honorable pour notre pays, je veux dire celle de l'émancipation de la France. Nous sommes enfin délivrés de la tutèle sévère de l'infortune*." Nous

* Nous croyons devoir avertir ici, de crainte qu'on ne nous accuse de ne pas citer exactement les propres expressions de M. de Chateaubriand, que n'ayant pas sous les yeux son discours en François, nous sommes obligés de

lui permettrons de lui observer que, pour un homme d'esprit, ce langage est d'une gaucherie par trop forte. Comment a-t-il pu échapper à M. de Chateaubriand de parler de cette émancipation de ce qu'il appelle *la tutèle sévère de l'infortune,* sans réfléchir que c'étoit en même temps rappeler les bévues, les monstruosités, les perversités, les scélératesses, les imbécilités des cinq ministères qui, depuis 1814, ont été la seule cause de toutes les calamités que la France a éprouvées. Et certes, le sixième, se fameux *ministère de la perspicacité* dont M. de Chateaubriand fait partie, et qui s'attribue aujourd'hui la gloire d'avoir arraché la France à cette tutèle, est, sans aucun doute, le plus pernicieux et le plus funeste de tous.

Je sais qu'on se plait à rendre raison des malheurs de la France en rejetant tout sur les cent jours. Mais à qui la faute, si ces cent jours sont arrivés? A qui la faute, si la leçon ne fut pas encore assez forte? A qui la faute enfin, si, non pas cent, mais mille et mille jours de calamités sont à la veille de commencer? N'est-il pas juste d'en accuser les ministres d'un malheureux Prince, souvent trahi, toujours déçu, et qui certes ne l'est pas moins aujourd'hui.

---

le traduire sur une traduction Angloise; ce qui est sans inconvénient, puisque ce que nous attaquons, ce n'est pas le style du littérateur, c'est le fond des idées de l'homme d'état.—Cette remarque s'applique à toutes les citations qui suivront.

Et que signifie ce galimatias* du " cœur de tout François qui doit avoir battu en entendant le Roi dire, etc. ?" C'est-à-dire en l'entendant répéter la phrase que M. de Chateaubriand avoit sans doute insérée lui-même dans le discours du Roi, et dont il se déclare ensuite l'admirateur. Et dans le fait, qui pourroit, suivant lui, refuser son admiration à cette phrase? " Cent mille François, commandés par un Prince de ma famille, par celui que mon cœur se plaît à appeler mon fils, sont prêts à marcher, en invoquant le Dieu de Saint Louis, pour conserver le trône d'Espagne à un descendant d'Henry IV."—" Depuis 1814, depuis les jours de nos victoires, a-t-on entendu un pareil langage?" demande ensuite M. de Chateaubriand en s'admirant. Eh, M. le Vicomte, un million de Français ne marchoient-il pas naguères? un million de François ne marcheroient-ils pas encore aujourd'hui? La France s'honorer de

* Expression peu royaliste échappée à M. le Vicomte de Chateaubriand dans l'ouvrage célèbre où il a proclamé des principes qui ne ressemblent guères à ceux qu'il avoit publiés quelques années auparavant en faveur des Républiques, et aux quels ne correspond point parfaitement le langage qu'il vient de s'oublier jusqu'à tenir dans la Chambre des Pairs: " QUI OSERA...." etc.? Telle fut, telle est la stabilité des principes de ce nouveau Sully, de ce moderne Colbert, dans les mains duquel est maintenant placé le destin de la France! Ventre saintgris! diroit Henry, je ne veux pas de ce Sully!—Mon Colbert, diroit Louis, avoit un peu plus de génie.

sortir de tutèle! Quel jargon! Se glorifier d'avoir cent mille hommes sous les armes! Quel trait de génie! Quel noble élan d'une âme toute guerrière! Ventre saintgris! La France n'eût-elle pas été, ne seroit-elle pas toujours dans le cas de donner la loi; auroit-elle jamais été exposée à la recevoir, si Buonaparte n'avoit pas été un fou, et si un ministère quelconque, sous Louis XVIII., avoit eu, ou avoit, tant soit peu de jugement, d'énergie, d'honneur, et de sens commun?

Cette digression nous a conduits un peu loin du projet qui paroît formé de forcer le malheureux Ferdinand à souscrire un pacte inique auquel on donneroit le nom de Charte Constitutionnelle, ou tout autre qu'il plairoit aux Landaburiens de lui donner. Espérons que le ciel déjouera des vues aussi sinistres, et que ces mêmes Landaburiens seront assez forcenés et assez aveugles pour ne pas se contenter d'être reconnus comme Pairs, comme Grands d'Espagne, et rejetteront les propositions qui leur sont faites—et faisons des vœux pour que Ferdinand VII., aussitôt qu'il aura recouvré sa liberté, convoque les Cortès de son Royaume, et, de concert avec eux, opère tous les changemens que le bien de l'Espagne peut exiger, et qui dès-lors, étant effectués constitutionnellement, acquerront de la solidité et pourront être durables.

C'est cette marche si simple, si naturelle, si facile, si légitime, si bien faite pour plaire à tous les François, enfin si complètement dans l'intérêt de tous, ainsi que nous l'avons plusieurs fois démontré dans plusieurs écrits que nous avons publiés à Londres, mais que tous les ministères, les uns après les autres, ont empêchés de circuler librement en France; cette marche à laquelle toute l'Europe est également intéressée, afin de calmer cet esprit de fermentation qui s'est répandu dans tous les empires, et que nous avons tant de motifs pour adopter nous mêmes, que celui qui vient de vous découvrir les causes de vos malheurs, et les trames de vos ennemis, ose vous présenter avec assurance, ô mes concitoyens, comme la seule qui puisse mettre enfin un terme à notre révolution, rendre la splendeur au trône et le bonheur aux François. Ce n'est pas pour faire une révolution que je vous la propose, c'est pour vous arracher à la révolution; c'est pour laver le Roi lui-même, et jusqu'au dernier de ses sujets, du reproche d'y avoir trempé; pour enlever toute tache révolutionnaire à ceux à qui il pourroit en rester; pour rendre honorables les nouveaux titres à ceux qui en sont revêtus; pour consolider tous les changemens qu'il peut être utile de conserver; pour porter la tranquillité dans l'âme des acquéreurs de propriétés nationales, en accordant, d'un côté ou de l'autre, des indemnités qui satisferont toutes les parties; en un mot, pour ne faire que des contens et des heureux, sauf le très petit nombre de coupables qui doivent servir d'exemple, pour la vindicte publique, mais dont la clémence sans bornes du Roi peut encore alléger et allégera sans doute le châtiment, quand il aura été prononcé. Cette proposition n'a même rien de contraire aux loix qui régissent actuellement la France. Une pétition présentée au Corps Législatif provoque la discussion; les motifs en sont débattus, les avantages reconnus ; et dès-lors, d'un commun accord, on prend les mesures nécessaires pour amener une fin si désirable. Les Deputés actuels sont plus en état qu'aucune des assemblées qui les ont précédés d'effectuer ce changement sans aucune secousse, sans le moindre trouble. Le Roi, de concert avec eux, convoque les Etats-Généraux de son Royaume ; il leur expose toutes les vues qu'il auroit réellement conçues pour le bonheur de ses sujets ; toutes les améliorations qu'il croiroit à propos d'opérer dans la constitution primitive de la monarchie, comme l'adoption d'un gouvernement représentatif, l'établissement de deux Chambres, etc.; enfin tous les changemens qui doivent nous rendre ce que nous n'aurions jamais dû cesser d'être, la nation la plus puissante du globe, comme nous en étions la plus privilégiée par le climat, la fertilité du sol, et le caractère national, et qui, sanctionnés par une telle assemblée, deviendroit légitimes, constitutionnels, et durables.

Si vous n'adoptez pas cette mesure, la religion ne peut renaître en France ; le prêtre qui auroit oublié les commandemens de Dieu, et fait plier sa conscience aux circonstances, ne peut ni retrouver la foi pour lui-même, ni inspirer la confiance et le respect. Le trône sera chancelant, et en danger d'être renversé à chaque instant. Des révolutions se succèderont sans cesse les unes aux autres. La jalousie et la haine diviseront les citoyens et même les familles. L'égoïsme prendra racine dans tous les cœurs. L'impiété s'accroîtra en tous lieux, et nous finirons par nous déchirer et nous entre-détruire.

Mais écartons ce funeste tableau, et espérons que le Dieu de St. Louis et du Roi martyr disposera les Rois, leurs conseils, et les peuples à l'adoption des mesures que nous ne cessons de recommander, et dont les résultats doivent être l'affermissement des trônes, la tranquillité des peuples, le règne de la justice, la prospérité *de la France, et le bonheur de toute l'Europe.*

Berwick sur le Tweed, le 23 *Février* 1823.

La date de ce nouvel écrit annonce d'avance les souffrances que nous éprouvons par suite du retard qu'a essuyé l'impression de celui qui précède. Et quel est le motif de ce retard? Hélas! c'est une plaie pour l'amour-propre que de l'avouer, mais la cause de cette plaie est glorieuse, j'ai vendu jusqu'aux derniers objets mobiliers qui me restoient pour fournir aux frais d'impression d'écrits dont je croyois la dissémination utile pour mon pays et pour l'Europe; il ne me reste plus rien à vendre; et sans argent comment faire mouvoir les presses d'un imprimeur? J'ai frappé aux portes de François que je croyois mes amis, et encore plus les amis du bien public, je les ai trouvées fermeés. Abandonné ainsi par mes concitoyens, je me suis adressé à quelques Anglois, et l'un d'eux consentant à faire les frais d'impression de cet écrit, je vais me hâter d'y ajouter quelques réflexions.*

---

* Forcé, en quelque sorte, d'avouer publiquement le dénuement auquel je suis réduit, il doit m'être permis d'attacher quelque prix à ce qu'on ne se méprenne pas sur les causes qui l'ont amené.

N'ayant pris la plume que pour servir la France, et croyant que la publication de l'écrit intitulé *Quelques*

" Sous George et sous Louis j'ai poursuivi le crime ;
Et si par l'injustice et par l'iniquité
Dans un abîme enfin je suis précipité,
La honte est à l'auteur, et non à la victime,
Rejaillit sur le trône, est personnelle aux Rois
Qui, souffrant tant d'horreurs, m'ont réduit aux abois.
Je puis lever la tête, et dire à qui m'opprime :
Tu ne saurois, ingrat, me refuser l'estime,
Un abus de pouvoir partout m'a tout ôté,
Fors le zèle, l'honneur et la fidélité,
Fors mon amour surtout pour Bourbon, pour la France,
Dont nuls coups ne sauroient ébranler la constance,
Et pour qui mes regrets, à mon dernier soupir,
Seront de n'avoir pas eu plus à leur offrir."

En Angleterre, où il n'avoit dépendu que de ma volonté d'aller enrégistrer mon nom sur la liste des secours accordés par le Parlement, pour avoir reçu et pour continuer à recevoir, vu ma nombreuse famille, £29 13 6 par mois, ce qui auroit fait, en 28 ans, 10,208 livres sterling ; plus, pour raison de l'indemnité accordée aux colons de Saint Domingue, 570 livres par an, ce qui eût produit, pour le même temps, 15,960 livres ; ces deux sommes faisant un total de 26,128 livres sterling que ma délicatesse a épargné au trésor public ; en Angleterre, disons-nous, où, lorsqu'il y a environ deux ans, réduit à d'extrêmes besoins, j'eus l'honneur de supplier S. A. R. le Duc d'York d'avoir la bonté de présenter à Lord Liverpool la demande d'une foible indemnité de 3,000 livres pour les bâtimens d'une sucrerie à Saint Domingue détruits par le feu d'une frégate Angloise, indemnité que j'aurois pu évaluer sans exa-

reflexions tracées à la hâte, &c. devoit y être utile, surtout dans le moment où le Corps Législatif s'assembloit,

---

gération à plus de quatre fois cette somme, ce Prince daigna transmettre au ministre ma réclamation ; mais qu'en résulta-t-il ? Je ne reçus pas même une réponse, que la civilité la plus commune auroit dû accorder au dernier des individus.

En France, où j'ai eu le très-grand honneur sans doute, quoique je pusse peut-être dire avec autant de raison, où j'ai eu le très-grand malheur, d'avoir été honoré, le 16 Février 1814, des pleins pouvoirs de Sa Majesté pour la haute mission d'aller chercher à faire reconnoître son autorité dans les provinces du nord et a y faire arborer l'étendard royal ; mission dans laquelle je fus aussi honoré du titre de premier aide-de-camp de Sa Majesté ; en France, disons nous, le brévet de Lieutenant-général, *appartenant et dû à mon ancienneté de services*, ne m'est pas même encore expédié aujourd'hui ; et je suis privé, depuis neuf ans, des appointemens attachés à ce grade. Les arrérages de la dot de ma mère, hypothéqués sur les domaines de la couronne dont jouit le Roi, ne sont pas payés, et il en est de même d'une rente viagère que j'ai sur l'hôtel-de-ville de Paris. Enfin, jusq'à une somme de 12,000 fr. que j'avois prêtée au Roi à Coblentz, on ne me l'a remboursée qu'en retenant tous les intérets échus.

Puisque j'ai tout sacrifié à la cause des Rois,—j'oserai même croire que ceux qui m'auront lu ajouteront, à la cause des hommes,..puisque je suis privé de tout ce qui m'est si légitimement dû, par suite de l'injustice des ministres des Rois d'Angleterre et de France ; je puis être glorieux, et non humilié de la situation où je me trouve ;

j'en avois fait plusieurs envois en France ; je n'ai encore eu de nouvelles que d'un seul, et—qu'on juge de ma douleur—ce fut pour apprendre qu'il n'étoit point parvenu à sa destination. En vertu de quelle loi continue-t-on à arrêter ainsi la circulation d'écrits utiles? C'est en vertu de la volonté personnelle des ministres. Je dois croire que mes autres envois ont eu le même sort, puisque personne ne m'en accuse la réception : cependant un exemplaire a échappé à la surveillance; il est arrivé entre les mains du libraire à qui il étoit adressé avec invitation de le faire réimprimer, mais il a craint, en le faisant, de déplaire au ministère, et il s'y est refusé.

Voilà, ô mes concitoyens, la tyrannie qu'exerce jusques sur la pensée cette Administration que je vous ai dénoncée comme composée d'hommes plus dangereux que les Jacobins eux-mêmes, pour l'honneur des Bourbons, le salut de la France, et le repos de l'Europe. Cependant, ministres si surveillans, comptez bien que nous saurons les faire connoître à la France, ces écrits que vous prenez tant de soin pour écarter. L'indignation que m'inspire votre conduite me rend une nouvelle

---

et si je viens à y succomber, le passant lira sur ma tombe cette épitaphe en vers prophétiques :

"Ci-gît le défenseur du frère de son Roi,
Vrai serviteur du trône, et fidèle à sa foi,
Du crime et de l'erreur adversaire intrépide,
Ennemi déclaré du traitre et du perfide,
Qui fut, par ses écrits, l'ami du genre humain,
Qui vécut pour l'honneur, mais qui mourut de faim."

vigueur, et me suggérera les moyens de déjouer vos trames.

" Traitres à la patrie, à la cause des Rois,
Je vous déteste tous eneor plus mille fois
Que tous les Jacobins. Vous êtes de la France
L'opprobre, le fléau, le tourment, la souffrance.
C'est vous qui de Bourbon causez tout le malheur,
Vous que tout bon François doit avoir en horreur.
Mais, quoi que vous fassiez, dans peu d'instans peut-être,
A l'univers entier je vous ferai connoitre
Pour des gens sans honneur, sans loyauté, sans foi,
Sans esprit, sans talens, sans principes, sans loi."

Voilà des accusations graves: passons de suite aux preuves; nous en trouverons bien assez *dans le discours Constitutionnel,* et dans ceux de MM. de Villêle et de Chateaubriand, à la Chambre des Pairs.

1° Dire à des Deputés qu'on ne les a convoqués que parce qu'on a besoin d'eux pour voter les impôts, c'est une bévue politique qui n'annonce certainement ni beaucoup d'esprit, ni beaucoup de perspicacité.

2° *La situation de l'interiéur est améliorée.* Cette phrase est aussi courte que les améliorations opérées sous ce ministère. En quoi consistent-elles? pourroit on leur demander. Est-ce en Agriculture? Non; nous ne nous en sommes pas occupés. Est-ce dans le commerce? Non; nous n'y avons pas songé. Est-ce dans un développement plus étendu de l'industrie nationale? Non; cette idée ne s'est pas présentée à notre esprit. Mais encore une fois en quoi donc consistent-elles? Nous vous l'avons déjà dit; dans quelques malheureux égarés que nous avons fait fusiller.

3° *Des conventions ont été conclues avec la Cour de Rome.* Est-ce pour réparer des erreurs funestes? Non; c'est pour fixer des limites de diocèses. Grandes négociations, pour s'en vanter! Importans résultats!

4° *En tous lieux, les paroisses vont être pourvues de leurs pasteurs.* Où les prendra-t-on? Où auront-ils été élevés et instruits? Sont-ils fidèles à la foi? Que nous importe? Pourquoi nous inquiéterions-nous de leurs talens ou de leurs vertus, de leur conduite passée ou de leurs sentimens actuels? Qu'ils soient orthodoxes ou schismatiques, jureurs ou non-jureurs, Chrétiens ou renégats, ils ont juré la Charte, cela nous suffit; voilà les curés qu'il nous faut.

5° *Le Clergé de France, complètement organisé attirera, sur nous les bénédictions de la Providence.* Pour avoir quelque droit à espérer les bénédictions du ciel, il faudroit, Messieurs les ministres, commencer par ne pas violer les commandemens de Dieu; ne pas fouler aux pieds tous les principes de la foi, être Chrétien enfin. L'êtes-vous dans le cœur? Nous aimons à le croire; mais certes vous ne l'êtes pas dans votre conduite administrative. Quand un édifice est prêt à s'écrouler par le fait d'une surveillance trop long-temps négligée, des replâtrages ne peuvent lui rendre ni solidité ni splendeur, ni offrir un sûr abri sous lequel la brebis égarée puisse désormais venir se ranger. Il faut en reprendre les fondations en sous-œuvre, et le rétablir sur des bases inébranlables; c'est-à-dire, en revenir aux principes inamovibles de la foi.

6° En ce qui concerne les comptes, nous nous bornerons à faire des vœux pour qu'ils ne soient pas des contes. Cependant nous nous permettrons de représenter à M. le Président du Conseil, ministre des finances, que deux omissions ont échappé à sa religion, à sa justice, à sa loyauté, dans le solde de tout arriéré qu'il déclare être liquidé. 1° La dette du Roi envers quiconque a tout quitté, tout sacrifié, tout perdu, pour lui et à son appel. 2° Celle de la nation envers le propriétaire illégalement, atrocement dépouillé par l'abus qu'ont fait des mandataires infidèles des pouvoirs qu'elle avoit eu la foiblesse de leur confier, ou qu'elle a souffert qu'ils usurpassent audacieusement.

7° *La France devoit à l'Europe l'exemple d'une prospérité que les peuples ne peuvent obtenir que du retour à la religion.* Vous oubliez, M. le Président du Conseil, que les loix qui régissent aujourd'hui la France, ont été déclarées *athées.—A la légitimité.* Votre Excellence oublie pareillement ici que la France, n'a vu consacrer dans son sein, depuis quelque temps, que des illégitimités.—*A l'ordre.* Votre Excellence n'est pas plus conséquente ici, puisqu'elle nous dit plus bas que la France est exposée à de nouveaux dangers.—*A la vraie liberté.* Ah! pour le coup, M. le Président, permettez-moi de vous représenter que lorsque vous avez, dès le commencement de votre administration, banni, proscrit, rejeté loin du sol François, la voix qui vous supplioit de vous couvrir de gloire en relevant les autels, en rendant la splendeur au trône, en rouvrant les portes du temple de la justice, en opérant la régénération de la France, vous avez exercé un pouvoir illégal et arbitraire, et opprimé ma liberté. N'entendez-vous donc par la vraie liberté que celle d'entraîner la France dans toutes les erreurs, et de rejeter toutes les vérités qui peuven l'éclairer?

8o *Ce salutaire exemple, elle le donne aujourd'hui* Grand Dieu! je le demande à l'univers, quel exempl la France offre-t-elle depuis sept ans, si ce n'est celui d toutes les immoralités, de toutes les impiétés, sous l'ad ministration de M. le Prince de Bénévent ; des complots les plus noirs, de l'ingratitude la plus révoltante, sous celle de M. le Duc d'Otrante ; de la désorganisation la plus complète, de la trahison la plus infâme contre la race de nos Rois, sous celle de M. le Duc de Cazes ; et aujourd'hui enfin de la consolidation de toutes les horreurs, de toutes les illégitimités, de toutes les impiétés, chef-d'œuvre de M. le Comte de Villèle. Malheureuse France! Les maux que t'avoient faits les Danton, les Robespierre, les Buonaparte, n'avoient été que des fléaux passagers ; les blessures que les Bénévent les Fouché, les Cazes t'avoient faites tour à tour pouvoient encore se guérir ; mais il devient presque impossible de refermer les plaies que M. de Villèle, par l'aveuglement le plus indéfinissable, ne cherche qu'à cautériser.

9o. *Mais la justice divine permet qu'après avoir long temps fait éprouver aux autres nations les terribles effets de nos discordes, nous soyons nous-mêmes exposés aux dangers qu'amènent des calamités semblables chez un peuple voisin.*—Ainsi, d'après M. le Président du Conseil, ce ne sont plus *les bénédictions de la Providence* que devoient *attirer sur la France* les mesures que la piété du Conseil du Roi venoit de lui inspirer pour régler les limites de quelques diocèses, et remplir la vacance de quelques cures ; ce n'est plus *cet exemple salutaire que la France devoit à l'Europe, et qu'elle lui donnoit aujourd'hui.* Maintenant c'est *la justice divine.* Oui certes, la justice divine qui punit le fourbe, châtie le perfide, et confond l'impéritie—c'est elle qui *permet que nous soyons nous-mêmes exposés à de nouveaux dangers.* Voilà ce que M. le Président du Conseil ose publier! Peut-il exister une bévue plus palpable, un aveu plus impolitique, une faute qui entraîne des conséquences plus graves? Déclarer publiquement que le Gouvernement du Roi est exposé à de nouveaux dangers, n'est-ce pas reconnoître qu'il existe en France un parti de mécontens fort nombreux? N'est-ce pas l'avertir de sa force, encourager ses entreprises, redoubler son audace? Mais s'il est vrai—ce que nous sommes loin d'admettre ou de croire—qu'il se trouve en France un assez grand nombre d'hommes égarés pour donner de l'inquiétude au Gouvernement, comment les ministres du Roi se justifieront-ils d'avoir végété depuis un an, sans avoir pris aucune mesure pour consolider le Gouvernement du Roi, et pour lui donner, par l'appui des honnêtes gens, un poids que nulle faction ne pourroit contrebalancer?

10o. Il est vrai que, pour rassurer les esprits, M. le Président du Conseil fait dire au Roi: *J'ai tout tenté pour garantir la sécurité de mon peuple.*—Que signifie cette expression, *j'ai tout tenté?* Vous n'y avez donc pas réussi, puisque vous n'en dites rien?—*et préserver l'Espagne des derniers malheurs.*—La situation où se trouve l'Espagne n'est certainement pas faite pour donner une haute idée des mesures que les ministres du Roi ont tentées ; et certes ils ne pouvoient en attendre aucun autre résultat.

11o. *L'aveuglement avec lequel ont été repoussées les représentations faites à Madrid, laisse peu d'espoir de conserver la paix.*—Où est l'aveuglement, si ce n'est dans le ministére qui a pu se livrer un seul instant à une semblable illusion ; lui sacrifier le devoir, l'honneur du Roi envers les Souverains ses alliés ; perdre des momens précieux pour terrasser l'ennemi de la race humaine ; lui donner le temps de se préparer, de se fortifier, en un mot de prendre tous les moyens possibles pour opposer quelques momens de résistance ? Et, avec tant d'impéritie dans le Conseil du Roi, qui sait à quel excés de calamités la France peut encore être exposée ?

12o. *J'ai ordonné le rappel de mon Ministre.*—Pourquoi, ministres trop ineptes, ne l'avez-vous pas fait en même temps que les autres Puissances, et de concert avec elles ? Pourquoi ne vous bornez-vous pas à déclarer que vous agissez de concert avec elles ? Ne voyez-vous pas les dangers de l'isolement où vous placez le Roi de ses augustes Alliés ; le refroidissement que vous devez leur causer ; l'audace que vous faites accroître parmi les mal-intentionnés de l'Espagne, de l'Italie, de la France même ?

13o. Vous avez sous les armes *cent mille François.*—En auroit-il fallu cinquante il y a six mois ? Etes-vous sûrs que deux cent suffiront aujourd'hui ?

14o. *Que Ferdinand VII. soit libre de donner à son peuple les institutions qu'il ne peut tenir que de lui.*—Comment ne sentez-vous pas l'absurdité du langage que vous mettez ici dans la bouche de votre Maître ?

Quel droit Ferdinand a-t-il de donner des institutions à l'Espagne, sans le concours des Cortês de ce Royaume? Daignez répondre à cette question, vous surtout, auteur infortuné de *la Monarchie suivant la Charte*; qui avez voulu recevoir de moi votre brévet de Constitutionnel. Vous attendez-vous à voir les Landaburiens, suivant l'exemple que leur a donn la France, décréter aussi une Charte, à l'approche de vos troupes, et rendre à Ferdinand tous ses droits, à condition, bien entendu, qu'ils seront reconnus pour Grands d'Espagne de la première classe, et Pairs constitutionnels de ce Royaume? Si telles sont vos intentions, je n'ai plus rien à dire, et je laisse à la génération présente—à la postérité—à Dieu surtout, le soin de vous juger.

Aprés ce court examen, transportons-nous dans la Chambre des Pairs, et suivons les argumens dont M. le Président du Conseil, et son nouvel adjoint, M. le Vicomte de Chateaubriand, l'oracle de toutes les constitutions représentatives, adressent à cette assemblée. Ce dernier va sans doute donner à ses partisans une esquisse de la solidité de ses principes constitutionnels,

"Le Roi," dit-il, "a fait tous ses efforts pour assurer la sureté de son peuple, et pour éviter à l'Espagne les plus grands malheurs. QUI OSERA soutenir que le Roi n'a pas fait ce qu'il déclare avoir fait?" Je le demande à la Chambre des Pairs d'Angleterre; si un ministre eût en l'imprudence ou l'impudence de se servir d'une telle expression dans son sein, l'eût-elle tolérée? N'auroit elle pas traité Son Excellence comme un valet qui s'oublie?

M. de Villèle, en termes un peu plus modérés, n'en dit pas moins aussi à la même Chambre : " Les ministres étoient loin de supposer que la Chambre des Pairs voudroit prendre sur elle l'effrayante responsabilité d'une mesure si extraordinaire." Et plus bas : " Où est la personne qui voudroit entreprendre de justifier la réponse contenue en cet amendement, et les orateurs qui le défendent ?"

Nous ne perdrons pas notre temps à accumuler plus de preuves de nos accusations. Si l'on n'étoit pas convaincu après tout ce que nous venons de dire, à quoi nous serviroit-il d'en rapporter de nouvelles, puisque ce ne sont pas des conjectures que nous avons tirées, ce sont leurs propres paroles, leurs propres actions que nous venons de citer. Des étrangers reprocheront peut-être à la Chambre des Pairs, à celle des Députés, de n'avoir pas relevé de telles expressions; nous leur répondrons que cette conduite leur fait honneur, et peint le caractère François. On a beau vouloir le dénaturer, on n'y parviendra jamais. Sans doute il n'est aucun d'eux qui n'ait éprouvé et qui ne partage encore notre indignation. Mais qu'on remarque avec quelle astuce profonde, avec quelle adresse artificieuse ces deux ministres représentèrent les dangers auxquels la censure de leur propre conduite exposeroit le Roi ; les difficultés qu'elle accumuleroit sur ses pas. C'est à cette cause seule, c'est à leur amour pour le Roi, à leur fidélité pour la race des Bourbons, qu'il faut attribuer leur silence. Et si tels sont les sentimens qui animent tous les François, qui faut il accuser del'état dangereux dans lequel sont encore placés le Roi, sa famille et la France, si ce n'est la foiblesse, l'impèritie et le manque de principes du ministere actuel ?

FIN.

RÉFLEXIONS ADDITIONNELLES.

Berwick sur le Tweed, le 26 Février, 1828.

Ce nouvel écrit arrivera-t-il à Londres assez à temps pour être imprimé à la suite des autres? Nous souhaitons ardemment le contraire, mais hélas! s'il en est autrement, il ne sera pas le moins intéressant pour nos lecteurs, et le moins satisfaisant pour nous-mêmes, puisqu'il va donner de nouvelles preuves irrécusables de l'exactitude des assertions que nous nous sommes permises en accusant le ministère Anglais d'être le protecteur du radicalisme sur le continent; de chercher, avec l'hypocrisie la plus traîtresse, à étendre sur toute la surface de l'Europe le désordre et l'anarchie; et d'y rallumer la guerre, tout en ne parlant que de son désir d'y maintenir la paix, et qu'il va nous fournir l'occasion de prouver à la nation Anglaise le vif intérêt que nous lui portons, en l'avertissant du gouffre vers lequel la monstrueuse politique de son ministère actuel envers les autres gouvernemens de l'Europe, son aveuglement sur la position plus que critique où se trouve l'Angleterre,(1) et l'excès d'une véritable folie, vont inévitablement l'entraîner à pas précipités.

---

(1) Nous le répétons ici de nouveau, il est peu de personnes sur le continent qui connaissent la position véritable où se trouve l'Angleterre sous le rapport de son crédit— de la nullité de sa force maritime—de l'étendue de l'agitation et de la fermentation

Ces deux nouvelles thèses que nous allons ouvrir sont si évidentes qu'il ne faudra pas de grands efforts de raisonnement pour porter la conviction dans l'esprit de nos lecteurs.

---

des esprits dans son intérieur—de l'opinion peu favorable que la nation a de ses gouvernans—enfin, de la fragilité de sa puissance gigantesque. L'Anglois, lui-même, aveuglé par l'orgueil, enivré par une ambition démesurée, n'est en état ni de se juger ni de s'apprécier. Son gouvernement seul voit et connoît la profondeur des plaies que son imprévoyance a creusées. La paix, l'économie des sacrifices personnels pouvoient seuls les fermer. En cherchant à rallumer la guerre, il joue le tout pour le tout.—Imprudent insulaire, le continent est plus fort que toi. Tu n'existes que par l'illusion. Gare le jour où le voile tombera.

Nous osons espérer que l'aperçu que nous avons présenté de la conduite du ministère Anglais depuis 1814, aura frappé tous les esprits et finira par ouvrir les yeux à tous les gouvernemens de l'Europe. Nous allons puiser maintenant dans un discours de M. Canning une preuve sans réplique des vues de ce ministre, que nous avions déjà exposées. Tout observateur qui eût fait attention à celui qu'il avoit prononcé, lors de son élection à Harwich, n'auroit pu conserver aucun doute sur ses intentions relativement à la part qu'il se disposoit à faire prendre à l'Angleterre dans la guerre d'Espagne. Mais s'il lui en fût resté le moindre, la réponse qu'il fit à M. Brougham dans la séance du 21 de ce mois, ne pourroit lui permettre de prolonger plus long-temps son illusion.

Sir John Osborn venoit de proposer de porter à 25,000 le nombre de marins pour la présente année, ce qui étoit 4000 de plus que l'année précédente.

Ici, M. Brougham, l'oracle du radicalisme, se lève et dit, " qu'il est surpris, non de ce que le ministère demande une augmentation dans le nombre des marins, mais de ce qu'il n'en demande pas une plus considérable. Le point de vue alarmant sous lequel il envisageoit les affaires étrangères, faisoit qu'il trouveroit des difficultés à voter ainsi, si ce vote devoit empêcher la Chambre d'ajouter encore au nombre des marins pendant le cours de la présente année. Mais elle étoit toujours libre de l'augmenter quand et autant que besoin seroit. Mais il regretteroit beaucoup que quelqu'un s'imaginât—surtout quelque individu de ces nations étrangères sur lesquelles le monde fixoit les yeux avec attente et inquiétude—que ce nombre de marins constitueroit toute la force navale de l'Angleterre pendant le cours de la présente année, quoiqu'il pût arriver. Il désiroit que le gouvernement de Sa Majesté expliquât clairement et donnât l'assurance que, si le nombre actuellement voté se trouvoit insuffisant, il en demanderoit sur-le-champ une augmentation, et l'on ne pouvoit douter qu'il n'obtînt le concours entier, unanime, et cordial, du peuple pour toutes les mesures que pourroient exiger les circonstances des affaires étrangères, l'indépendance de la Grande-Bretagne et le maintien de la paix de l'Europe."

Sur ce, M. Canning se lève très-gratuitement, et, ainsi qu'il le dit lui même, prend la parole pour saisir cette occasion de développer ses sentimens : " Il était personnellement obligé à M. Brougham de ce qu'il venoit de dire ; il le remerciait de la manière dont il s'était exprimé, et il partageoit entièrement son opinion. Il étoit indubitable que le vote actuel ne limiterait pas plus le pouvoir qu'avoit le parlement d'augmenter le nombre des marins, s'il le jugeoit convenable, qu'il ne limiterait la possibilité où se trouvait la nation d'en fournir un plus grand nombre. S'il arrivoit quelque événement qui exigeât une addition au nombre qui était demandé, les ministres de Sa Majesté n'hésiteraient pas à le demander et à en expliquer les motifs. Ayant parlé ainsi pour éviter toute méprise, il étoit sûr que la chambre lui pardonnerait s'il s'arrêtoit ici pour l'assurer que, dans l'état actuel des choses en Europe, toutes discussions ultérieures dans la Chambre ne produiroient pas plus d'effet que n'en avoient produit les discussions préalables, tandis *qu'elles pourraient être nuisibles.*"— C'est à dire donner l'éveil; ébruiter nos projets; ouvrir les yeux sur nos préparatifs secrets.—"C'était, ajouta-t-il, le désir, comme l'interêt de l'Angleterre, de maintenir la paix en Europe, et le gouvernement de Sa Majesté n'avoit rien omis, n'omettroit rien pour arriver à ce but désirable. Mais dans ce souhait, tout ardent qu'il étoit, il n'entroit pas le moindre sentiment de crainte. Les ressources du pays n'étoient pas épuisées, *et tant que le Parlement continueroit à maintenir le crédit public*, la nation ne manqueroit pas de moyens suffisans pour fournir aux efforts qui pourroient être nécessaires."(1)

Qui pourroit, après un tel discours,

---

(1) En français, ceci s'appelleroit une fameuse gasconnade—Mais M. le ministre, si le parlement cesse d'être aussi complaisant pour sanctionner de nouveaux emprunts, ou si le voile qui couvre le crédit se déchire, les moyens suffisans ne pourroient-ils pas vous manquer?

douter encore des projets du gouvernement Anglois ? Le voile que M. Canning veut jeter sur la marche politique qu'il a dessein de suivre, ressemble à ces tissus de gaze légère qui ne cachent rien de ce qu'ils couvrent. Mais pour surcroît de preuves, nous citerons les trois faits suivans, qui sont connus, publics et incontestables.

1°. Une circulaire adressée à tous les officiers de santé attachés à la marine, pour les prévenir de se tenir prêts à reçevoir des ordres.

2°. La révocation faite par le conseil de l'acte qui interdisoit, à tout sujet anglois, d'exporter des armes et des munitions en Espagne. Peut-on interpréter cette révocation autrement que comme l'équivalent d'une déclaration de guerre contre la France, ou du moins comme en étant l'avant-coureur ?

2°. Le dîner donné par M. Canning à

l'Ambassadeur d'Espagne à Londres, et au Duc et à la Duchesse de San Lorenzo, nouvellement arrivés de France; dîner auquel furent invités le Duc de Wellington, le Comte et la Comtesse de Liverpool, M. Huskisson, M. Planta, et d'autres personnes tenant au gouvernement. Pourquoi ce dîner remarquable, si ce n'est pour qu'il fût remarqué?

Si, après de tels faits et de tels discours, toute l'Europe n'ouvre pas les yeux, il ne nous reste qu'à répéter :

« Que pourroit-on penser à de semblables faits,
Si non qu'il est des yeux qui ne verront jamais?

Nous ne croyons pas que notre première thèse ait besoin de plus de développemens, nous passerons donc à la seconde, et nous répéterons d'abord :

" Trop aveugle Albion,
Qu'à sa perte conduit l'excès d'ambition.
A ces récits trop vrais, reconnois un système
Ennemi de la terre, ennemi de toi-même,
Fils d'une politique hypocrite et sans lois.
De Dieu, comme de l'homme écoute enfin la voix.
Qui prône la vertu, doit en donner l'exemple.
Plus que le vrai croyant, le tartuffe en un temple
Peut passer pour un saint; mais gare, si jamais
On vient à découvrir ses trames, ses biais.

Et que pouvez-vous espérer d'une politique semblable, ministres aussi profonds dans votre hypocrisie et dans vos iniquités, que vous êtes imprudens et inconsidérés dans vos criminels attentats, en vous déclarant ainsi ouvertement les protecteurs du radicalisme, du libéralisme, du jacobinisme, du carbonarisme, &c., enfin de toutes ces sectes impies qui projettent le renversement de tous les trônes? Ne voyez-vous pas que la guerre que vous allez rallumer, va évidemment devenir une guerre à mort entre tous les gouvernemens de l'Europe et la nation Angloise, et que, quelque appui que votre frêle administration puisse recevoir du concours général d'un peuple aveuglé par l'orgueil, excité par la cupidité, enivré par ses passions, et qui court lui-même au devant de sa perte, vous ne pouvez que devenir inévitablement les victimes de vos criminels projets, et de l'excès de votre folie?

Pour vous en convaincre, j'irai jusqu'à entrer dans vos combinaisons, et je passerai en revue les motifs sur lesquels vous fondez vos espérances. Vous croyez, et je le crois comme vous, que le gouvernement Français, sans prévoyance, comme sans énergie, a porté jusqu'à ce jour l'excès de son aveuglement non seulement jusqu'à n'avoir pas su apercevoir les motifs secrets qui ont dirigé toutes vos démarches politiques depuis 1814, mais même jusqu'à se laisser prendre au dépourvu contre votre attaque présente ; qu'il va en être frappé comme d'un coup de foudre, et qu'il ne saura comment se tirer de l'embarras où elle va le plonger. Je vous accorderai donc qu'il n'est que trop probable que votre déclaration va porter en France la confusion dans les idées, relever l'espoir des mécontens, et fournir au petit nombre de scélérats qui se sont affiliés aux sectes impies que vous prenez sous votre protection, des alimens nombreux pour répandre les idées désorganisatrices qui peuvent servir vos projets. Vous ne pourrez cependant refuser de m'accorder à votre tour que vous ne pouvez avoir un tel espoir que sous une administration aussi incapable que celle qui gouverne la France en ce moment, et que si un nouveau ministère déployoit quelque énergie, et ne faisoit désormais entendre aux François que le langage de la franchise, de l'honneur et de la vérité, toutes vos espérances disparoîtroient bientôt.

Mais, pour entrer entièrement dans vos vues, supposons que cette administration ne sera pas changée, que la maison de Bourbon se laissera une troisième fois détrôner, que la France sera de nouveau livrée à toutes les horreurs des révolutions, que, peut-être même elle succombera sous le poids de ses calamités; admettons encore, d'un autre côté, que les illusions dont vous avez bercé l'Autriche, la tiendront encore endormie pendant quelque temps, et qu'elle ne se réveillera que lorsque l'Italie, et la Lombardie seront en révolution, et qu'elle se trouvera elle-même en proie à une fermentation intérieure qu'elle n'aura plus le pouvoir d'arrêter ; supposons, de plus, que la Prusse aura subi une révolution complète, et que la Russie trouvera assez d'occupation en Pologne et dans ses anciennes provinces dont les Turcs, appuyés par une flotte Angloise, chercheront à se remettre en possession ; croyons enfin, pour un moment, que tous vos perfides projets obtiendront partout le succès que vous en attendez ; et que l'Europe entière deviendra la proie des flammes révolutionnaires dont vous allez, de toutes parts, jeter les torches funestes sur tout le continent, ce qui hélas ! ne seroit que trop probable, je l'avouerai avec franchise, si les quatre grandes puissances perdent un seul instant, et négligent de prendre de concert des mesures pour faire avorter les fatales tentatives de l'ennemi commun. Eh bien, après avoir réussi à incendier l'Europe, quel sera votre sort à vous-mmêes dans votre propre pays quelques momens après ? Est-il, sur tout le continent, une seule nation dont le gouvernement ait des ennemis plus formidables à combattre ? Dans les autres contrées de l'Europe, l'esprit révolutionnaire n'est que la suite d'une fermentation temporaire ; en Angleterre, il est le résultat d'un plan suivi et de calculs profonds : sur le continent, il n'existe que dans des têtes égarées ; chez vous, il se trouve dans les cœurs, dans les esprits et dans l'opinion. Parmi les autres nations, quelques vils vagabonds, sans caractère, sans fortune, sans existence, cherchent à égarer les peuples ; en Angleterre, non seulement le peuple est excité par des scélérats semblables, mais des hommes du premier rang, jouissant d'une grande fortune, ayant du crédit et de l'influence, dépassant toutes les bornes que la constitution accorde à l'esprit de parti, les uns par aveuglement, les autres par ambition, concourent également, sous le prétexte de la nécessité d'une réforme parlementaire, à allumer l'incendie qui les dévorera eux-mêmes avec leur pays : sur le continent, chaque gouvernement, et même celui de France, a en mains le pouvoir de comprimer tout mouvement populaire, s'il veut en user, et s'il sait l'employer; en Angleterre, le gouvernement, depuis plusieurs années, a jugé lui-même que, pour déjoner ses adversaires, suspendre la fermentation, et détourner les coups dont il se croyoit au moment d'être frappé, il n'avoit d'autres ressources que de devenir « renégat de la bonne cause," ainsi que nous l'avons déjà dit, « et d'embrasser le radicalisme."

Sans cela, comment auroit-on pu, comment pourroit-on encore expliquer l'hypocrisie de cette circulaire relativement au Congrès de Troppau; cette pusillanimité dans la Chambre des Pairs au clabaudage de quelques journalistes; ce retrait fait par Lord Liverpool du bill qu'il avoit présenté contre la Reine ; ce discours surpris ou arraché au Roi au commencement de la session suivante ; toutes ces économies de bouts de chandelles accordées aux clameurs de quelques radicaux qui ont su s'introduire dans la Chambre des Communes et aux vociférations de vils journalistes? Qui fut le véritable premier ministre en Angleterre depuis deux ans, si ce n'est M. Hume? Quels furent les oracles de la masse du peuple, si ce n'est le *Times*, et les journaux secondaires qui cherchent à enflammer la nation, et à l'entraîner vers une révolution ? En un mot, comment intérpréter autrement la conduite que le ministère n'a cessé de tenir, et la manière dont il vient de jeter le masque en ce moment.

Lorsque le ministère Anglois porta la maladresse jusqu'à faire dire à ses affidés, par une lettre que l'indiscrétion ou la trahison rendit ensuite publique: "*Reunissez-" vous sans faute autour de moi, tel jour, afin " de vous opposer aux réformes qu'on doit " présenter.*" En appuyant sur la nécessité de maintenir l'influence ministérielle, n'etoit ce pas avouer qu'il se trouvoit voué à la nullité si on lui ôtoit les moyens de corruption qu'il avoit entre les mains ? N'étoit-ce pas montrer la corde honteuse d'ou dépend *toute son existence* ? Lorsqu'il eut la monstrueuse infamie de se servir des Edwards et des Franklin, pouvoit-il prouver plus évidemment son dénuement total de tous principes de religion et de justice, et peut-on désigner la conduite du ministère, en ces deux occasions, que comme l'excès de la dépravation la plus dégoutante ?

Lorsqu'il en est réduit à avoir recours à de tels moyens; lorsqu'il entend répéter sans cesse, dans toutes les assemblées des divers comtés les cris que pousse une populace enivrée et prête à se porter, au premier moment, à tous les excès, demander la suppression des dîmes, celle des taxes, la réduction des fermages, même le partage des terres ; lorsqu'il voit l'Irlande dans l'état de fermentation le plus inquiétant, et que des scènes atroces y ont montré les excès auxquels le peuple peut se porter; peut-il, dans un pareil instant, songer à rallumer le flambeau de la guerre sans manifester des symptômes d'une véritable folie ? Et de quelle guerre encore ? grand Dieu ! de celle de l'athéisme contre la religion, de la révolte contre la légitimité, de l'assassin contre la victime, du spoliateur contre le depouillé. Et quel moment ce ministère, aussi aveugle qu'inique, choisit-il pour s'égarer dans un tel chemin ? Celui où le peuple Anglois voyoit renaître l'espoir de la prospérité; où la diminution de deux millions sterling de taxes devoit encourager la patience des mécontens en les portant à espérer d'autres réductions successives et prochaines; où cinq millions de fonds d'amortissement devoient en même temps contribuer puissamment à l'extinction graduelle de la dette nationale, et où tout semblait annoncer le retour au bonheur que la prodigalité passée de ces mêmes ministres avoit détruit, et la perspective d'une longue prospérité amenée par la paix et l'économie.

O trop infortunée Albion qui voyois briller dans ton sein tant de magnifiques établissemens dont tu as tant de raisons pour être fiere ; tant de vertus privées dans un si grand nombre de familles, qui doivent t'attirer les vœux de toute la terre ; tant d'institutions faites pour propager les sentimens religieux, qui te méritent les bénédictions du ciel ; combien je gémis sur ton sort futur ! Combien je plains le funeste destin qui t'est réservé !

Peut être, si cette guerre inique éclate

te nuirai-je plus que personne ne pourroit le faire, (1) et cela par des causes que je m'abs-

---

(1) Pour éviter qu'on ne me riposte que l'iniquité de cette guerre doit retomber sur la France qui la première attaque l'Espagne, je présenterai ici quelques réflexions sur ce sujet.—N'y a-t-il pas aujourd 'hui deux partis en Espagne? l'un qui tire son origine de l'île de Léon, qui s'est emparé momentanément des rênes du gouvernement, et qui tient le Roi dans une véritable captivité; l'autre, qui combat contre cette usurpation de la révolte pour obtenir la délivrance de son Roi, et le rétablissement des lois constitutionnelles de son pays? Or, peut-on, sans la plus mauvaise foi, ou sans un aveuglement difficile à concevoir, mettre ces deux partis sur une même ligne? Prendre la défense de celui de la révolte, momentanément triomphante, ne seroit-ce pas oublier les pre-

tiens encore, par prudence, de publier ; s'il en

---

miers devoirs et les intérêts les plus directs de tous les gouvernemens légitimes ? La France, en prêtant son appui au parti qui combat en Espagne pour recouvrer la liberté de son Roi, et pour rétablir sa religion et ses lois, ne fait donc que ce qu'il seroit du devoir et de l'intérêt de tout autre gouvernement de faire, s'il en étoit à portée. Elle ne fait en ce moment—et cela est important à remarquer, d'apres la nouvelle frénésie qui s'est emparée du min istère et du peuple Anglois en faveur des révoltés Espagnols—Elle ne fait, dis-je, que ce dont l'Angleterre lui a donné maint example pendant les vingt-cinq années qu'a duré la révolution française. Or, faire marcher, dans ce sens, une armée en Espagne, ce n'est pas attaquer la nation Espagnole, ce n'est pas vouloir lui dicter des lois, c'est au contraire vouloir la secourir, étoit ainsi, n'en accuse ni mes sentimens,

---

lui donner la plus grande marque d'amitié et d'intérêt, en contribuant à rétablir l'ordre et la paix dans son sein.

Sans doute les phrases que les ministres du Roi de France ont placées dans le discours constitutionnel que Sa Majesté a prononcé à l'ouverture de la présente session, ne peuvent se justifier sous aucun rapport, et ont mérité l'indignation générale qu'elles ont excitée. Mais de ce que l'excès de bêtise de ces gens d'esprit, c'est à dire d'un ou deux membres qui ont la prééminence dans le conseil, a pu les porter à des erreurs aussi grossières que coupables, peuvent-elles avoir changé l'état de la question ; dénaturé les faits ; renversé les premières bases ? Non, certes ! Cent fois non ! il n'y a que la mauvaise foi la plus insigne, ou l'idiotisme le plus complet qui puissent soutenir le ni mon cœur; je suis François, je suis

---

contraire. Dès-lors la puissance qui prête son appui au parti royaliste en Espagne, doit inspirer la confiance et la reconnoissance de tous les monarques et de tous les hommes de bien; tandis que celle qui soutiendroit des rebelles, devroit être regardée comme l'ennemie de tous les gouvernemens légitimes et exciter l'indignation et l'horreur de toutes les nations civilisées.

Il appartenoit au génie incompréhensible du ministère François actuel de ne pas comprendre une question aussi simple, de la défigurer, de la dénaturer au point, je ne dirai pas de la présenter sous un jour tout à fait faux, mais de lui imprimer une teinte d'odieux. Ah, grand Dieu! que ces gens d'esprit sont donc bêtes! Que cette administration est funeste à la sécurité du trône, au homme, c'est un devoir pour moi de servir ma patrie et l' humanité, et je le remplirai.

---

repos des honnêtes gens, et au retour de l'honneur et de la prospérité en France !

O mes compatriotes, oubliez désormais un jargon que vous prononcez si mal, et revenez à l'ancienne langue des François. DIEU ! LE ROI ! L'HONNEUR ! LA FRANCE ! Malheur à l'Angleterre, si elle nous force à avoir la guerre avec elle ! orgueilleux insulaires, réfléchissez y bien, avant de nous la déclarer. La troisième guerre punique vit tomber Carthage.—Paix d'Amiens.—Paix de Paris—Troisième paix à Londres—Avant deux ans je vous la prédis.

POSTSCRIPTUM.

Berwick sur le Tweed, le 8 *Mars,* 1823

J'APPRENDS à l'instant que l'impression de mon écrit du 26 du mois dernier n'est pas encore terminée, et, tout en regrettant ce nouveau retard, j'en profite pour ajouter à la hâte quelques réflexions qui me sont suggérées par deux séances de la Chambre des Députés.

La première, dont nous avons déjà parlé, est celle où les deux Sully et Colbert modernes ont osé tenir un langage si *inconstitutionnellement déplacé,* et où M. le Vicomte de Châteaubriand, non moins grand diplomate qu'il venoit d'être logicien profond, oubliant ses devoirs comme représentant son souverain au congrès, et foulant également aux pieds toute bienséance, comme ministre des affaires étrangères, aveuglé sans doute par l'amour-propre, et aimant à dire que S. M. l'Empereur de Russie avoit été bien aise de le prendre, *lui* Vicomte de Châteaubriand pour confident de ses sentimens, a porté l'oubli des principes jusqu'à rapporter publiquement une conversation confidentielle que ce monarque avoit daigné avoir avec lui. Je le demande à mes lecteurs, M. de Montmorency se serait-il oublié ainsi ? Et quoique en ce jour on ait placé ces deux ministres sur une même ligne, ne reconnoît-on pas, dans leur conduite respective, la différence qui sépare le gentilhomme français de l'intrigailleur parvenu ?

La seconde contient le nouveau scandale qui vient d'avoir lieu, relativement à l'expulsion de M. Manuel. Honorables ultras, quel est le bon François qui ne partage pas vos sentimens ? Mais ne voyez-vous pas combien plus de modération eût mieux servi en cette occasion votre cause et votre parti ? Après avoir annoncé une mesure de devoir, ne reconnaissez-vous pas la double faute que vous avez commise en modifiant la sentence de la chambre ?

" A quel destin, grand Dieu ! sommes-nous
donc réduits !
Manuel, la Fayette, occuper les esprits !
O France infortunée ! O ma triste patrie !
Peux-tu te voir réduite à tant d'ignominie ?

Mais contenons une juste indignation. La maison de Bourbon et la patrie sont dans le danger le plus imminent. Toute division, tout esprit de parti doivent cesser. Il faut fortifier le gouvernement contre les effets des intrignes de l'ennemi, où nous allons retomber dans les plus affreuses révolutions. Il n'y pas un moment à perdre; et en conservant dorénavant dans vos assemblées, un calme imperturbable, soyez sûrs que ces vils avocats du jacobinisme se prendront eux-mêmes dans leurs propres filets.—Qui veut aller plus vite que le violon, s'expose à perdre la mesure. Méfiez-vous donc des élans de votre âme; craignez de trop les écouter, et accordez un peu plus à la politique et même à la raison.

Nota.—La note qui va suivre appartient à la page 11, et vient après la phrase, " C'est alors que commencera la vraie régénération de l'espèce humaine."

Celui qui n'envisageroit que la race présente, livrée à l'impiété, à la corruption et à tous les vices, donnera sans doute à une semblable perspective le nom d'un beau rêve. Mais de même que l'architecte trace le plan d'un magnifique édifice, et que le fondateur en pose la première pierre, sans que ni l'un ni l'autre le voie achever, et qu'il se passe souvent même plus d'un demisiècle avant qu'il ait reçu toute sa splendeur; ainsi, celui dont nous présentons la superbe élévation, et dont la Sainte Alliance peut poser la pierre fondamentale, ne s'élevera-t-il peut-être à sa hauteur qu'après un certain nombre de générations. Ce qui est certain, c'est que tout est possible à qui a le pouvoir entre les mains et *ne veut que le bien*. Quand l'homme médiocre a la parole dans le conseil des Rois, le gouvernement se livre au torrent du jour, et tout va comme on le pousse; mais quand le génie s'y fait entendre, les événemens, les opinions, les pensées mêmes, prennent le cours qu'il a voulu et qu'il a su leur donner. Le premier n'a répandu que de l'ivraie, le second a semé du froment : quel contraste extrême ne doivent pas offrir les deux récoltes !

De l'Imprimerie du Marquis de Chabanne.

www.ingramcontent.com/pod-product-compliance
Ingram Content Group UK Ltd.
Pitfield, Milton Keynes, MK11 3LW, UK
UKHW012031240726
13965UKWH00002B/722